Sandra Lüpkes

Zweite Ehe – neues Glück

Ein Ratgeber für den, der sich
wieder traut

Krüger Verlag

Originalausgabe

Erschienen im Krüger Verlag, einem Unternehmen
der S. Fischer Verlag GmbH, Frankfurt am Main
© S. Fischer Verlag GmbH, Frankfurt am Main 2010
Satz: pagina GmbH, Tübingen
Druck und Bindung: GGP Media GmbH, Pößneck
Printed in Germany 2010
ISBN 978-3-8105-1149-2

Inhalt

Vorwort

Vor mehr als fünf Jahren habe ich eine schmerzhafte Bauch-
landung hingelegt: Die erste Ehe lag in Scherben, Streit,
Enttäuschung und Tränen waren an der Tagesordnung, Ge-
richtstermine kosteten Nerven und Geld, irgendwann war
ich völlig am Ende und schwor mir: »Diesen Fehler mache
ich *nie wieder*!«

Trotzdem habe ich ein zweites Mal geheiratet. Und bin
damit nicht allein, ein Großteil der Geschiedenen traut sich
irgendwann erneut. Laut statistischem Bundesamt hatte
2008 immerhin bei einem Viertel der Eheschließungen einer
von beiden bereits eine Scheidung hinter sich. Bei 16 Prozent der Hochzeiten streiften sich sogar beide Partner zum
zweiten Mal die symbolträchtigen Ringe über die Finger.

Warum – wo wir uns doch letztere schon einmal gehörig
verbrannt haben? Wird man denn irgendetwas gewinnen –
oder kann man eigentlich nur verlieren?

Diese und viele andere Fragen stellte ich
im Vorfeld zu diesem Buch knapp 70 in
zweiter Ehe verheirateten Männern (39 %)
und Frauen (61 %) aller heiratsfähigen Al-
tersklassen. Dabei handelte es sich sowohl
um frisch verheiratete Paare (27 %) wie

**Halten Sie die 2. Ehe
grundsätzlich für stabiler?**
72 % ja
19 % vielleicht
9 % nein

auch um welche, deren zweite Ehe schon wesentlich länger
hält als die erste (25 %).

9

Sie alle gaben mir – größtenteils anonym – Auskunft über ihre Erfahrungen in der ersten Ehe, während der Trennung, in der Neuorientierung und beim Erleben der zweiten Hochzeit. Die 65 Fragen beinhalteten Themen wie Kinder und Familie, finanzielle und emotionale Nöte, die Verhältnisse der Betroffenen damals und heute.

Daraus entstand eine recht umfangreiche Statistik (da die Teilnehmer bei manchen Fragen mehrfach ankreuzen konnten, jedoch zu keiner Antwort verpflichtet waren, kann es sein, dass sich die Prozentzahlen nicht immer zu genau 100 Prozent addieren lassen), die in diesem Buch immer mal wieder zum Tragen kommt. Und die davon berichtet, dass die allermeisten es sich nicht einfach gemacht haben, nach der Scheidung optimistisch an die neue Liebe zu glauben – es ihnen aber doch gelungen ist. Immerhin geben die meisten von ihnen an, dass sie die zweite Ehe grundsätzlich und auch in ihrem speziellen Fall für stabiler halten. Dagegen stehen die Zahlen, die aus einer anderen umfangreichen wissenschaftlichen Studie hervorgehen [siehe Quelle Nr. 14]: Die zweite Ehe hat rein statistisch ein doppelt so hohes Scheidungsrisiko wie die erste.

Was stimmt denn nun? Sind wir jetzt entmutigt – oder fühlen wir uns aufgerufen, es dann erst recht besser zu machen?

Die Erfahrungen der ersten Ehe inklusive Trennung sind kein Hindernis, wenn man sich mit ihnen intensiv auseinandersetzt. Im Gegenteil: Sie können sogar von Vorteil sein, denn sie bewahren uns davor, aus den falschen Gründen zu heiraten oder unrealistische Ansprüche an die neue Paarbeziehung zu stellen. Wenn wir bereit sind, uns und unseren Wunsch nach Partnerschaft im Licht der Vergangenheit zu reflektieren – es aber auch unterlassen, das Gewesene mit dem Neuen zu verknüpfen –, dann dürfen wir uns noch einmal trauen und mit ganzem Herzen »Ja« sagen.

Dieses Buch ist in drei Teile gegliedert. »Um was es geht«, »Die Vergangenheit« und »Die Zukunft«. Es muss nicht chronologisch gelesen werden, der Leser kann auch immer schauen, was ihn in der gegenwärtigen Phase gerade besonders beschäftigt. Vor jedem Kapitel erzähle ich die Geschichte von Insa und Tim. Sie sind ein fiktives Paar, das jedoch nicht frei erfunden ist, sondern sich aus den vielen persönlichen Geschichten zusammensetzt, die mir bei meiner Recherche erzählt wurden.

Fast immer habe ich im Text die männliche Schreibweise gewählt, dies geschah ausschließlich zum Vorteil der Übersichtlichkeit. Zudem ist es mir wichtig zu erwähnen, dass selbstverständlich auch gleichgeschlechtliche Paare, die in der eingetragenen Partnerschaft gelebt haben oder leben, sich angesprochen fühlen dürfen, auch wenn hier stets von der Ehe und Mann und Frau die Rede ist.

Die insgesamt sieben Kapitel möchten Hilfestellung leisten, Denkanstöße geben und Mut machen, sich heute der Vergangenheit und der Zukunft zu stellen. Ich habe mich bemüht, die wichtigsten Aspekte zu berücksichtigen – und musste feststellen, dass dieses Thema in so viele Bereiche hineinwächst, dass mein Vorsatz vielleicht nicht bis ins Letzte realisierbar ist. Zudem – dies hat sich auch durch die Umfrage herauskristallisiert – empfinden die Menschen im Entscheidungsprozess pro oder contra zweite Ehe ganz unterschiedliche Punkte als problematisch. Während der eine sich sehr schwer tut, den Verwandten den Entschluss mitzuteilen, hat der andere Schwierigkeiten damit, noch einmal richtig an die Liebe zu glauben.

Auf den nächsten Seiten erzähle ich von Liebe – und welche Gefahren dieses Gefühl in der Ehe bedeuten kann.

Es geht um die Ehe und die falschen Hoffnungen, die eine Ehe kaputtmachen können. Und es geht um Hoffnung. Hoffnung, dass man es dieses Mal schaffen kann. Es geht also um richtig viel.

Alles Liebe wünscht
Sandra Lüpkes

Teil 1
Worum es überhaupt geht

In diesem Buch geht es um die Liebe und um die Ehe. Deswegen will ich hier im ersten von drei Teilen diesen beiden wesentlichen Begriffen auf den Grund gehen. Was sie waren, was sie sind, was sie werden könnten.

Zwei ziemlich bekannte, tausendmal verwendete, fast schon ausgeleierte Begriffe, von deren Bedeutung die meisten Männer und Frauen konkrete Vorstellungen haben. Trotzdem würden 1000 Menschen wahrscheinlich 1000 verschiedene Antworten geben. Liebe und Ehe sind relative Begriffe, die heute nicht mehr dasselbe bedeuten wie vor fünfzig oder hundert Jahren und zudem von jedem anders wahrgenommen werden. Genauso verhält es sich mit Begriffen wie »Glück«, »Erfolg« und »Wohlstand« – Letzteres meint für uns heute ein volles Bankkonto, ein eigenes Haus, ein schnelles Auto. Im Mittelalter galt man jedoch schon als wohlhabend, wenn man ein festes Dach über dem Kopf und etwas zum Beißen hatte.

Bevor ich mit diesen beiden ersten Kapiteln begonnen habe, dachte ich, es sei ein Leichtes, über Liebe und Ehe zu schreiben. Das mache ich mal eben so am Anfang des Buches, als Fingerübung bevor es ernst wird. Ich habe mich an meinen PC gesetzt und losgelegt. Klar, Liebe ist … hmm … also … aber die Ehe kann ich zumindest ganz einfach erklären, und zwar … tja …

Wider Erwarten entwickelte sich das Schreiben zu einer intensiven Recherche quer durch Geschichte und Religionen, ich fand Lesenswertes und Schund, musste manchmal herzlich lachen und habe mir des Öfteren den Kopf über den einen oder anderen Satz zerbrochen.

Mein Mann hat versucht, sich nichts anmerken zu lassen, wenn ich ihn selbst abends auf dem Sofa noch mit meinen Gedankenspielen genervt habe. Ich bin sicher, irgendwann konnte er die Worte Liebe und Ehe nicht mehr hören und war froh, als ich verkündet habe, dass der verdammte erste Teil endlich fertig ist. Obwohl – fertig?

Ob Sie als Leser danach schlauer sind? Darauf kommt es nicht an. Über Ehe und Liebe kann man nicht wirklich etwas wissen. Das kann man nur erleben. Jeder auf seine Art. Aber es ist schön, wenn man begreift, dass man nicht der Erste und sicher auch nicht der Letzte ist, dem es einfach nicht gelingen will, der Weisheit letzten Schluss zu finden.

Also, nun fange ich mit dem an, worum es hier eigentlich geht …

Insa & Tim
und die Liebe

Insa freut sich auf den Feierabend. Ein langer Tag liegt hinter ihr, das normale Getummel in der Agentur, wo alles immer schnell gehen muss und kaum Zeit bleibt, in Ruhe etwas zu essen, einen Kaffee zu trinken, kurz die Augen zu schließen. Umso schöner ist die Aussicht, dass Tim heute gekocht hat, etwas Besonderes ist angekündigt, was auch immer das heißen mag.

Sie schließt die Wohnungstür auf. Es ist seltsam still dahinter. Normalerweise hört man das Nintendogedaddel aus Merles Zimmer und den Fernseher bei Lukas laufen. Aber heute bleibt Insas »Ich bin wieder da« unbeantwortet.

Es riecht gut, italienisch wahrscheinlich, Tims Spezialität. In der Küche summt die Abzugshaube und sie hört das Geklapper von Kochbesteck, er ist also voll beschäftigt.

Sie hängt die Jacke an den Haken, atmet tief durch, freut sich über die überraschende Ruhe heute Abend. Dann geht sie ins Esszimmer – und bleibt wie versteinert stehen. Ihr Magen krampft, sie muss sich festhalten, um Himmels willen, bitte nicht! Bitte alles, nur das nicht! Nach all dem, was geschehen ist …

Aus den Boxen klingt das Lied, zu dem Tim und sie das erste Mal getanzt haben, Kerzen und rote Rosen stehen auf dem Tisch, Champagner prickelt in den Gläsern – und ein kleines eckiges Kästchen ist in der Mitte platziert. Wunderschön

15

im Grunde – aber Insa findet es schrecklich. Beängstigend. Am liebsten würde sie auf der Stelle kehrtmachen, umdrehen, zur Agentur fahren und Überstunden machen, bis es dunkel ist.

Sie hat immer gehofft, dieser Moment würde ihr erspart bleiben. Denn dann müsste sie sich nicht den Kopf zerbrechen, warum sie davor Angst hat, dieses kleine, eckige Kästchen zu öffnen.

Sie ahnt, was darin ist.

Ein Ring.

Tim hat alles so schön eingefädelt. Die Kinder sind bei Freunden untergebracht. Das neue Rezept hat hingehauen. Und Insa ist ausnahmsweise mal pünktlich von der Arbeit zurück. Fast zu pünktlich, denn so hat er den Moment verpasst, in dem sie erkennt, dass heute etwas wirklich Besonderes passieren wird.

Jetzt sieht er sie irgendwie verloren im Esszimmer stehen, schließlich setzt sie sich auf den Stuhl, als sei sie zu Besuch gekommen, knetet ihre Finger, was sie immer macht, wenn sie angespannt ist. Der Job, denkt Tim, da bringt sie den Stress oft mit nach Hause. Das gibt sich meist nach ein paar Minuten. Hofft er zumindest. Denn irgendwie merkt er, dass es doch etwas anderes sein könnte. Insa ist klug, sie durchschaut die Situation, ihre Augen sind auf das Kästchen gerichtet, als wolle sie es mittels Telekinese öffnen.

Er weiß, dass sie die Sache anders sieht als er. Aber er versteht sie nicht. Seit drei Jahren sind sie nun zusammen. Es läuft alles wunderbar. Besser, als er es sich jemals hätte ausmalen können, besonders, nachdem er damals so sicher war, sich nie wieder verlieben zu können. Und nun war er drauf und dran, ein zweites Mal in seinem Leben einen Heiratsantrag zu machen. Aus Liebe. Doch jetzt ist er sich gar nicht mehr sicher, ob sie ja sagen wird.

16

Tim: Du siehst aus, als würde dir irgendetwas auf dem Tisch gewaltige Angst einjagen.

Insa: Kerzen und Champagner und dann dieses Kästchen …

Tim: Die meisten Menschen würden sich darüber freuen.

Insa: Tu ich ja auch, irgendwie.

Tim: Aber?

Insa: Willst du mich etwa heiraten?

Tim: Soll das jetzt ein Antrag sein?

Insa: Mach keine Witze, du weißt ganz genau, dass mir bei diesem Thema nicht zum Scherzen zumute ist.

Tim: Okay: Ja, ich will dich heiraten!

Insa: Und warum?

Tim: Aus Liebe!

Insa: Ein besserer Grund fällt dir nicht ein?

Tim: Ist das nicht der beste Grund zu heiraten?

1. Die Liebe: Was ist das überhaupt?

>»Die Liebe ist ein seltsames Spiel,
sie kommt und geht von einem zum andern;
sie nimmt uns alles, doch sie gibt auch viel zu viel,
die Liebe ist ein seltsames Spiel.«
(Schlager von Conny Francis 1960)

Liebe lässt sich immer gut verkaufen. In der Werbung ist dieses Wort ein Garant für Aufmerksamkeit. Musikstücke und Romane, in denen die Liebe zum Tragen kommt, finden immer ein Publikum. Denn jeder kann damit etwas anfangen – und will es auch! Schließlich ist Liebe wunderbar. Zumindest, solange sie glücklich ist. Und sie ist der Heiratsgrund schlechthin.

Heiratsgrund Liebe
Aus Liebe geheiratet
wurde von
84 % beim 2. Ja-Wort
46 % beim 1. Ja-Wort
36 % beide Male

Erstaunlich, aber wahr: Die allermeisten der zweiten (!) Ehen werden aus Liebe geschlossen. [1] Nicht, weil man die Beziehung vertiefen, der Bürokratie genügen oder Sicherheit für einen neuen Lebensentwurf suchen will, das spielt zwar auch mit hinein, aber es ist in erster Linie das Herz, welches zum zweiten Jawort ermutigt hat.

Dies ist umso beachtlicher, als bei der ersten Ehe nur knapp die Hälfte der Befragten aus dem mächtigsten aller Gefühle heraus geheiratet hat. Zumindest wird das in zweiter Ehe lebend so gesehen, also zu einem Zeitpunkt, an dem man sich bereits mit der Vergangenheit auf seine Weise beschäftigt hat. Und ein Drittel nennt sowohl bei der ersten wie bei der zweiten Trauung die Liebe als Heiratsgrund. Ein Drittel ist im Grunde genommen eine ganze Menge, wenn man schon einmal daran geglaubt hat, die Liebe des Lebens gefunden zu haben – und der Verlust derselbigen einen eines Besseren belehrt hat. Warum ist man anschließend nicht schlauer und heiratet aus rein rationalen Motiven? Oder bleibt unverheiratet?

Was hat die Liebe an sich, dass sie uns so unvernünftig werden lässt?

Als Antwort stellen sich ungezählte Theorien zur Verfügung. Von »Die Liebe ist ein rein biologisches Phänomen, welches dazu dient, uns den evolutionstechnisch optimalen Partner zur Fortpflanzung zu suchen«, bis »Die Liebe ist der Sinn des Lebens«.

Ersteres lässt sich schon allein dadurch widerlegen, dass sich auch Menschen Hals über Kopf verlieben, bei denen die Aussicht auf gemeinsamen Nachwuchs von vornherein nicht gegeben ist. Das Zweite ist so pauschal wie wahr, wenn man all die vielen verschiedenen Formen und Stadien der Liebe mit einbezieht. Die Liebe begleitet uns durch unser Leben, beginnt mit dem Verhältnis zwischen Eltern und Kind – ohne Zuwendung würden wir schon als kleine Säuglinge verkümmern [2] – und endet mit der Liebe, die über den Tod hinaus Bestand hat. Die Erfahrungen, die wir in Liebesdingen sammeln, prägen unsere Persönlichkeit wohl intensiver als alles andere. Ohne Zuneigung und Intimität fehlt unserem Leben etwas Entscheidendes.

Doch jede Liebe birgt neben Glücksgefühlen und Verbundenheit auch von vornherein das Risiko, Leiden zu verursachen. Tatsächlich fühlt sich bereits das akute Verliebtsein fast ungesund an, als sei alles aus dem Gleichgewicht geraten: Herzklopfen und fiebrig rote Gesichtsfarbe, Appetitlosigkeit wegen der vielen Schmetterlinge im Bauch, Schlafstörungen und Konzentrationsschwierigkeiten. Selbst Wahrnehmungsstörungen, die sprichwörtliche rosarote Brille, lassen sich durchaus mit chemischen und neurologischen Veränderungen erklären. [3] Stimulierende Botenstoffe wie das »Glückshormon« Dopamin versetzen den Verliebten in einen rauschähnlichen Zustand und man kann eine starke Aktivität in den Teilen der rechten Gehirnhälfte beobachten, die u. a. für das Streben nach Belohnung und Vertrauen zuständig sind.

Rein wissenschaftlich ist das Verliebtsein gar kein Gefühl, sondern ein Trieb (»Ich muss bei diesem phänomenalen Menschen sein«), der gestillt werden will. Der Serotoninspiegel im Blut hat ähnlich niedrige Werte wie bei einem Zwangsneurotiker, was uns Appetit- und Schlaflosigkeit beschert und fast krank vor Sehnsucht werden lässt. Körperliche Nähe und Streicheleinheiten kurbeln die Produktion des körpereigenen Oxytocin an, Vertrauensseligkeit und Aufgeschlossenheit sind die Folgen – und zudem die optimalen Voraussetzungen für den Beginn einer Partnerschaft.

Wenn sich dann die ersten biochemischen Stürme gelegt haben und eine Beziehung in ruhigere Fahrwasser gelangt, müssen andere Klippen umschifft werden: Wie bleibt unsere Liebe im Fluss? Wird es uns gelingen, die Gemeinsamkeiten und Unterschiede, die Höhen und Tiefen in den Griff zu bekommen? Und was ist, wenn es dann auf einmal nicht mehr weitergeht, wenn man auf den Abgrund zusteuert, sich festfährt oder lieber in anderen Gewässern fischen geht? Kann einer von beiden das Steuer noch rechtzeitig rumreißen?

Ein Schiffbruch in der Partnerschaft ist schmerzhaft, fast

jeder hat ihn schon einmal erlitten. Liebeskummer setzt uns gehörig zu, wirft uns völlig aus der Bahn. Man muss sich neu sortieren, die Wunden verbinden und noch mal bei null anfangen. Und trotzdem steigen die meisten Menschen irgendwann wieder freiwillig und optimistisch mit einem neuen Herzenspartner in ein gemeinsames Boot. Volle Fahrt voraus!

Zum Glück ist die Liebe schön, wunderbar, unbestechlich und immer wieder neu erlebbar. Das ist ihre Überlebensstrategie. Sonst würden die Menschen sich irgendwann gegen sie entscheiden, sie ablehnen, sich vor ihr in Acht nehmen. Doch das Gegenteil ist der Fall: Verliebtheit stimmt optimistisch, macht mutig – und immer auch ein bisschen risikobereit. Weil also die Liebe nicht nur der häufigste Grund, sondern auch die ideale Voraussetzung ist, sich für eine zweite Ehe zu entscheiden, sollte sie hier einmal unter die Lupe genommen werden.

Liebe ist … vielfältig

Man kann vieles lieben: die Eltern, Geschwister, Kinder und Enkel, die Freunde und das Haustier. Aber auch einen Sonnentag im Garten, ein gutes Essen, das schicke Auto, die Fußballmannschaft, das Guthaben auf dem Konto. Wir reden von Liebe, wenn es um etwas geht, das uns erfüllt und zufrieden macht, wenn wir es in unserer Nähe wissen. Doch natürlich würde kaum jemand auf den Gedanken kommen, die Liebe zu einem guten Wein mit der zu seinem Partner gleichzusetzen. Von einem Glas Merlot erwarten wir einen angenehmen Geschmack auf der Zunge und Wohlbefinden, solange wir genießen. Von dem Menschen, mit dem wir zusammen sind, wünschen wir uns weitaus mehr: Zärtlichkeit, Vertrautheit, Loyalität, Stimulation.

Das ist die Liebe, mit der wir uns befassen wollen. Die Liebe, die dann lebt, wenn sie in irgendeiner Weise erwidert wird. Wie man diese in Worte fassen und erklärbar machen kann, darüber zerbrechen sich die Menschen – Philosophen, Theologen und andere Wissenschaftler – seit jeher den gelehrten Kopf. Schon Platon hat versucht, die verschiedenen Aspekte und Erscheinungsformen der Liebe zu benennen [4]:

Eros ist das Streben nach Vollkommenheit durch Vereinigung mit dem anderen, der uns in körperlicher wie geistiger Hinsicht schön erscheint. Diese Liebe ist sinnlich und leidenschaftlich und beinhaltet den Wunsch nach dem Geliebt-Werden. Der Mensch an sich ist nur ein halbes Wesen, erst mit dem fehlenden Gegenstück kann er sich zufrieden und ganz fühlen.

Im Kontrast dazu gestaltet sich *Agape* bedingungslos: Die Nächstenliebe gibt, ohne eine Gegenleistung zu fordern, ist mitunter aufopfernd damit beschäftigt, dem anderen Gutes zu tun und ihm zu helfen. Der andere kann ein Freund sein, ein Familienmitglied – aber genauso gut auch ein Feind. Der Mensch, der auf diese Weise liebt, wertet sich auf durch die edlen Taten, die er jemand anderem zuteil werden lässt.

Philia hingegen ist die freundschaftliche Liebe, die auf gegenseitigem Geben und Nehmen basiert. Eine Idealform im Grunde, die das Interesse am anderen, aber auch an sich selbst voraussetzt und zur Gleichberechtigung in der Beziehung führt. Die Partner sind zwei Individuen, die gemeinsame Regeln finden, um ihr Zusammensein zum Wohle beider möglich zu machen.

Am besten erkennt man die Unterschiede der verschiedenen Liebeskategorien, wenn man das Gegenteil von ihnen sucht. Das Gegenteil der sinnlichen, leidenschaftlichen Liebe *Eros* ist Hass. Und – so sagen es zumindest die Religionen – bei Abwesenheit der Nächstenliebe *Agape* regiert die Angst. Wer aber keine *Philia* empfindet, dem ist der andere schlichtweg gleichgültig.

Im Laufe der Jahrhunderte haben sich die Unterformen der Liebe immer weiter verästelt, Dichter und Denker unterscheiden zum Beispiel *Stoika* (Liebe zu einer Tätigkeit), *Ludus* (Liebesspiele aller Art), *Mania* (besitzergreifende Liebe) und *Pragma* (vernunftorientierte Liebe).

Doch man muss nicht Philosophie studiert haben um zu wissen, dass die Liebe, von der wir im Alltag reden, von der Musiker aller Couleur singen und die berühmtesten Bestseller erzählen, dass diese Liebe eher eine Mischung ist aus allem, was Platon und Co. vermitteln wollen. Wer ein Musterbeispiel oder die Idealbeziehung sucht, wird nicht fündig werden. Es gibt keine Checkliste, die abgehakt werden kann, damit die Liebe nachweisbar wird.

Liebe ist ... (k)eine Frage der Zeit

Liebe ist nicht theoretisch! Doch sie ist und war schon immer immens wichtig, sonst hätte Platon sich nicht schon vor 2500 Jahren damit befasst. Es gibt keine historische Epoche, in der das Thema Liebe nicht vorkommt. Jede Kultur, jede Religion, egal ob weltumfassend oder individuell, beschäftigt sich mit diesem Gefühl, macht es zum Zentrum des Daseins, manchmal auch zu etwas Göttlichem.

Laut Platon [5] gab es zu Beginn der Zeit ein Kugelwesen mit je vier Armen und Beinen und zwei Gesichtern.

Dieses Wesen hat die Götter erzürnt durch seine Vollkommenheit, die es fast gottähnlich werden ließ, also zerteilte es Zeus in der Mitte, so dass es unvollkommen wurde und seitdem jede Hälfte ihr Gegenstück sucht, um mit ihm gemeinsam wieder ein Ganzes zu sein.

Im Buddhismus jedoch wird die wahre Liebe von der Anhaftung unterschieden. Die Zuwendung zum anderen sollte keinen eigennützigen Zweck erfüllen. In modernen buddhistischen Reden klingt das so: »Liebe entspringt innerem Reichtum, während Anhaftung durch inneren Mangel entsteht. Liebe sieht die geliebte Person realistisch, sie erkennt und liebt auch ihre Schwächen, während Anhaftung durch eine rosarote Brille schaut.«[6]

Das Hohe Lied der Liebe, welches bei christlichen Hochzeiten oft als Trauspruch gewählt wird, zeichnet ein ähnliches Bild: »Die Liebe ist langmütig und freundlich, die Liebe eifert nicht, die Liebe treibt nicht Mutwillen, sie bläht sich nicht auf, sie verhält sich nicht ungehörig, sie sucht nicht das Ihre, sie lässt sich nicht erbittern, sie rechnet das Böse nicht zu, sie freut sich nicht über die Ungerechtigkeit, sie freut sich aber an der Wahrheit; sie erträgt alles, sie glaubt alles, sie hofft alles, sie duldet alles.«[7]

Auch viele nichtreligiöse Zitate sind Jahrhunderte alt, aber zeitlos. »Was du liebst, lass frei. Wenn es zurückkommt, gehört es dir – für immer!« (Konfuzius 500 v. Chr.) passt sich wunderbar in die moderne Popmusik ein: »If you love somebody, set them free« (Sting 1985).

Fragt man ein kleines Kind, was Liebe ist, so wird es sagen: »Meine Eltern haben mich immer lieb, egal, was ich angestellt habe, und wenn ich sie brauche, sind sie für mich da.« Die kindliche Liebe ist egoistisch, fordernd und anspruchsvoll – und das zu Recht. Denn wenn ein Kind sich angenommen und geborgen fühlt, versorgt wird mit Nahrung, Bildung und Zärtlichkeit, wird es zu einem selbstbewussten Erwachsenen, der dann seinerseits bereit ist zu lieben.

Die gereifte Liebe klingt so: »Wir begegnen uns mit gegenseitigem Verständnis, mit Rücksichtnahme und Unterstützung. Ich brauche mich vor meinem Partner nicht beweisen und will ihn auch meinerseits so, wie er ist.« Und irgendwann, wenn man Verantwortung für ein eigenes Kind oder auch für einen pflegebedürftigen Angehörigen übernimmt, lernt man die Liebe kennen, die einen wie eine Mutter, einen Vater handeln und zum Gebenden werden lässt.

In manch erwachsener Beziehung werden jedoch auch weiterhin kindliche Ansprüche gestellt – wenn der andere Partner sich wiederum in seiner elterlichen Rolle ganz wohl fühlt, kann das auch gut passen. Solange die beiden miteinander auskommen, zufrieden sind, sich kein Leid zufügen, wird diese Liebe erfüllend sein. Ein Mensch mit Helfersyndrom kann mit einem Hypochonder glücklich werden, die Dominanz passt wunderbar zur Sehnsucht, von einer sicheren Hand geführt und geleitet zu werden. Solange dies alles auf Freiwilligkeit basiert, ist es wunderbar. Doch was ist, wenn einer von beiden sich verändert? Hier fangen die Unsicherheiten an. Woran erkennt man, dass es tatsächlich Liebe ist – und nicht lediglich als Begriff benutzt wird, um eine andere unbewusste Abhängigkeit zu beschreiben?

Wahrscheinlich ist das nicht möglich, denn wenn wir lieben, können wir uns meist nicht erklären, warum es so ist, wir nehmen das Gefühl einfach hin. Bei aller Zeitlosigkeit besteht die Liebe immer nur in der Gegenwart. Wir wissen nicht, wen wir in Zukunft einmal lieben werden. Und wem wir in der Vergangenheit unser Herz geschenkt haben, erscheint uns nach dem Liebesaus in einem ganz anderen Licht, so dass wir uns gar nicht mehr erinnern können, was uns an diesem Menschen einmal berührt hat. Dann brauchen wir Erklärungen, die plausibel machen, was wir damals in dieser Person gefunden haben. Und plötzlich erscheint das, was man in der Vergangenheit für Liebe gehalten hat, als eine Beiläufigkeit.

»Wir haben uns wohl schon irgendwie geliebt, aber geheiratet haben wir in erster Linie, weil es zu dieser Zeit die übliche Form des Zusammenlebens war.« »Natürlich hielt ich es für eine Liebeshochzeit, aber eigentlich wollte ich nur so schnell wie möglich aus meinem Elternhaus entfliehen.« »Wir waren ganz verrückt nacheinander und ich konnte mir nicht vorstellen, jemals ohne diesen Menschen leben zu wollen. Doch dann kam der Alltag und wir begannen uns miteinander zu langweilen.« »So, wie wir damals waren, passten wir perfekt zueinander, wir waren das Traumpaar schlechthin. Wer hätte denn ahnen können, dass wir uns trotzdem im Laufe der Zeit so auseinanderentwickeln würden und zehn Jahre später wie Feuer und Wasser sind?«

Die Tatsache, dass nur 46 Prozent sagen, ihre erste Ehe aus Liebe eingegangen zu sein, lässt darauf schließen, dass man erst rückblickend die vielen Beweggründe erkennt, die einen einst zum Heiraten bewegt haben und die sich damals womöglich hinter der Liebe versteckt haben. Dann hängt man nach einer gescheiterten Beziehung dieses »ja, aber« hinter die Erklärung, warum es damals zum Jawort gekommen ist.

Der Ring wird oft als Symbol der unendlichen Liebe gesehen und landet dann schließlich in irgendeiner dunklen Schublade – oder gar beim Altmetall. Denn Liebe ist durchaus endlich, daran will nur niemand denken, wenn er sich den Schmuck mit dem eingravierten Namen über den Finger schiebt. Genau genommen tut man der Liebe unrecht, wenn man sie schon im Anfangsstadium für ewig während hält. Man bürdet ihr die Zeit als Verpflichtung auf und nimmt ihr damit schon die Möglichkeit, sich frei zu entwickeln. Oft wird die Liebe mit einem Pflänzchen verglichen, das man hegen und pflegen, regelmäßig gießen und der Sonne zuwenden muss. Wenn aber aus diesem winzigen Spross mit aller Gewalt und sofort eine hundertjährige Eiche werden soll, die auf ihren stabilen Ästen alles tragen kann, was sich darauf niederlässt, wird das kleine Pflänzchen zerdrückt werden, überfrachtet und schließlich verkümmern.

Erlebt man die Liebe nur Tag für Tag oder Woche für Woche, gewinnt sie an Wert. Ein »Ja, ich will«, das immer wieder neu ausgesprochen wird und jedes Mal auf einer freien Entscheidung beruht, sagt mehr aus als ein einmaliges »Ja, ich will dich für immer«. Die Gewissheit, dass die Liebe ein Ende haben kann, wertet den Moment, in dem sie besteht, auf. Die Partner lehnen sich eben nicht bequem zurück und berufen sich auf den Ewigkeitsschwur. Was nicht heißt, dass sie bei erstbester Gelegenheit die Koffer packen, denn sie wollen der Liebe eine Überlebenschance bieten, nicht anders als andere Paare auch. Der Verzicht auf die Unendlichkeit des Gefühls setzt eine enorme Ernsthaftigkeit im Umgang damit voraus. Jedes Jahr, welches ein Liebespaar zusammenbleibt, weil es das wirklich möchte, ist mit goldenen Ringen nicht aufzuwiegen.

Die Liebe ist vielleicht eher eine Frage der Zeit als eine Antwort für die Ewigkeit.

Liebe ... will sich verändern dürfen

Dieses Gefühl ist nicht statisch, es entwickelt sich, verändert ständig die Form, passt sich dem Leben an. Und genau deswegen kann es die garantierte ewige Liebe nicht geben – denn dann müsste man beiden Partnern verbieten, sich oder ihr Verhältnis zueinander jemals zu verändern. Wer schon einmal »Bis dass der Tod uns scheidet« versprochen hat, weiß, wie schmerzhaft es ist, wenn dann doch etwas anderes dazwischenkommt – und zwar das Leben.

Veränderungen sind so normal und menschlich, dass es unzählige Versuche gegeben hat, diese Metamorphosen der Liebe einzuteilen. Die meisten Liebestheoretiker kommen schließlich auf sechs Phasen, deren Dauer und Intensität unterschiedlich und individuell sind.

6 Variationen über den Satz »Ich liebe dich«:

1. *»Ich liebe dich wahnsinnig!«*
Man idealisiert den Partner, will ihm immer nah sein und spürt die Liebe fast intensiver als Hunger, Durst oder Müdigkeit. Es gibt nichts Wichtigeres als diesen einen Menschen. Die Sucht, von ihm wiedergeliebt zu werden, macht einen fast verrückt. Wissenschaftler sprechen hier mehr von einem Trieb als von einem Gefühl (s. o.).

2. *»Ich liebe dich wirklich!«*
So langsam kommen beide zur Ruhe und haben Gelegenheit, sich kennenzulernen. Das ist einerseits schön, denn das Vertrauen zueinander wächst, je mehr man sich angenommen weiß. Die ersten ernsthaften Pläne für eine gemeinsame Zukunft werden geschmiedet. Andererseits ist man auch mehr und mehr desillusioniert, erkennt die ers-

ten Macken des anderen und muss immer öfter darüber nachdenken, wie viele Kompromisse man einzugehen bereit ist, um die Liebe zu erhalten.

3. »*Ich liebe dich, aber* ...«
Der Alltag ist in die Beziehung eingekehrt, der Partner kein Objekt der Sehnsucht mehr, sondern allgegenwärtig. Nun erkennt man immer deutlicher, dass nicht alles so ist, wie man es sich zu Beginn der Partnerschaft ausgemalt hat – und man versucht, dies zu ändern. Entweder schraubt man seine Ansprüche herunter, geht gemeinsam oder allein neue Wege. Auf einmal werden die Freunde, das Hobby und der Job wieder wichtiger. Vielleicht werden jetzt auch gemeinsame Kinder geboren, die ihrerseits Aufmerksamkeit fordern. Die Partner gehen mehr und mehr auf Distanz, und das, was sie aus der sicheren Entfernung sehen, gefällt ihnen oft immer weniger. Plötzlich taucht der Gedanke auf, dass der andere sich ändern müsste, damit das gemeinsame Leben sich dem Idealbild wieder anpasst.

4. »*Ich liebe dich* ... *vielleicht* ... *nicht mehr* ... *oder* ... *doch noch?!*«
Manchmal arten diese Änderungswünsche in wahre Machtkämpfe aus. Es macht wütend, dass der andere so stur bei seinen Ansichten bleibt. Oder man kann andererseits nicht fassen, wie sich ein Mensch so verändern kann, dass man ihn gar nicht mehr erkennt. Ein wenig fühlt man sich auch betrogen – war er damals nicht viel liebenswerter? Resignation macht sich breit, man ist nicht mehr gewillt, dem anderen etwas Gutes zu tun, weil man schließlich selbst auch nichts von ihm zu erwarten hat. Und irgendwann kommt man zu dem Schluss, dass die Rechnung nicht aufgeht, bei der Liebe kommt am Ende stets

ein Minus heraus. An diesem Punkt muss man sich entscheiden: Bleiben oder gehen? Durchhalten oder scheitern? Wird man einen Weg finden, auf lange Sicht die Macken und Unterschiede zu ertragen? Oder ergreift man die Flucht und begibt sich auf die Suche nach einem Partner, der besser zu einem passt?

5. »*Tatsächlich, ich liebe dich noch immer!*«

Die Entscheidung zu bleiben beinhaltet eine neue Sichtweise. Irgendwann beginnt man, weniger die Unterschiede und Diskrepanzen zu sehen als vielmehr die Gemeinsamkeiten. Die Erkenntnis, was man als Paar miteinander erlebt und durchlebt hat – und dass dieses einen Tag für Tag fester zusammenschweißt –, diese Erkenntnis erscheint wie eine Belohnung für die tapfer durchlebte Krise. Man ist so stolz, als habe man einen Achttausender bezwungen, und die dadurch gewonnene Aus- und Übersicht macht einem deutlich, wie klein und unbedeutend die Streitereien sind im Vergleich zu dem, was man schon so viele Jahre an seiner Seite weiß.

6. »*Ich liebe dich!*«

Am Ende sitzt das Paar händchenhaltend auf der Gartenbank und ein Lokalreporter kommt zu Besuch, um bei der Diamantenen Hochzeit nach dem Geheimnis der wahren Liebe zu fragen … So stellen wir uns gern das Happy End einer vollendeten Partnerschaft vor. Das rauschende Glück der ersten Tage ist einer ruhigen Zufriedenheit gewichen. Die alten und auch neuen Konflikte haben ihren Stachel verloren. Die Sucht, geliebt zu werden, hat einer selbstbewussten Zuneigung Platz gemacht, die nicht mehr bewiesen werden muss.

Das ist schön – und ein schönes Stück Arbeit. Wer gleich zu Beginn den Anspruch hat, die Liebe sollte genau so aussehen und nicht anders, der wird wahrscheinlich nie dort ankommen, denn schließlich muss man auch viele Jahre Klavier spielen üben, bis man ein Konzert von Rachmaninow beherrscht. Die Liebe ist ein gemeinsamer Weg und das Ziel wird nicht immer mit Rückenwind erreicht. Genau diese Unberechenbarkeit birgt das Risiko, durch die Liebe unglücklich zu werden.

Die meisten, die meinen Fragebogen ausgefüllt haben, waren bei ihrer ersten Hochzeit unter 25, oft hielt die erste Ehe nicht länger als sechs Jahre, sie waren also gerade erst um die 30, als die erste große Liebe ihres Lebens zu Ende gegangen ist.

Heiratsalter 1. Ehe

Frauen
66 % jünger als 25
32 % zwischen 25 und 30

Männer
39 % jünger als 25
35 % zwischen 25 und 30

Und gerade die Lebenszeit zwischen 20 und 30 ist die wohl ereignisreichste Dekade, die man als Erwachsener zu bewältigen hat, in vielerlei Hinsicht.

Die Verbindung zur Ursprungsfamilie verändert sich, finanzielle und autoritäre Abhängigkeiten verlieren an Bedeutung und man begreift sich allmählich als erwachsener und eigenverantwortlicher Mensch. Da das Beziehungsverhalten in den meisten Fällen auf den Erfahrungen im Elternhaus beruht, hat die Loslösung von Vater und Mutter eine nicht unwesentliche Auswirkung auf unser Liebesleben. Diese Emanzipation geht bei vielen Menschen unproblematisch vonstatten, bei einigen dauert sie aber auch einige Jahre, ist von Unsicherheiten geprägt und selbst mit 30 noch nicht ganz bewältigt.

Zusätzlich beginnt man in diesem Alter die beruflichen Weichen zu stellen. Berufsausbildung und Studium machen vielleicht einen Ortswechsel nötig, man findet einen neuen Freundeskreis und hat die Möglichkeit, sich ganz anders zu entfalten. Zudem wird die Zukunft zeitlich und auch finanziell planbarer. Verdient man genug, ein Haus zu kaufen? Wird man ein ruhiges oder eher hektisches Berufsleben haben? Hat man einen sicheren Job oder muss man immer mit der Angst im Nacken leben, eines Tages arbeitslos zu werden?

Im Hintergrund tickt dazu auch noch die biologische Uhr. Die Frage nach der eigenen Familienplanung ist bei Mann und Frau ein wichtiger Aspekt, der Entscheidungen und Entwicklungen maßgeblich beeinflusst.

Eine schüchterne Zwanzigjährige kann sich mit 30 zu einer selbstbewussten, unabhängigen Karrierefrau gemausert haben, weil sie sich von ihren strengen Eltern gelöst und genau den richtigen Job gefunden hat. Genauso kann ein Einser-Abiturient mit Jurastudienplatz irgendwann durch Liebeskummer in eine Sinnkrise gestürzt sein und seinen dreißigsten Geburtstag unter einer Brücke feiern. Zwei krasse Beispiele, die lediglich zeigen, wie wenig man sich selbst nach diesem bewegten Jahrzehnt noch ähneln kann. Und dass eine Liebe in diesem Zeitraum eine Menge gravierender Veränderungen mitmachen muss, leuchtet ein. Kein Wunder, wenn sie dabei manchmal auf der Strecke bleibt.

Zueinander passen

Von den Paaren, die als Trennungsgrund angegeben haben, nie wirklich zusammengepasst zu haben, waren

75 % bei der ersten Hochzeit unter 30 Jahren.

88 % kannten sich vor der ersten Hochzeit weniger als 3 Jahre.

Liebe ist ... Glückssache

Nicht bei allen geht die Liebe über kurz oder lang zugrunde, zum Glück nicht. Doch ob man es schafft, sämtliche Veränderungen unbeschadet zu überstehen, hat wahrscheinlich eher mit Glück als mit Können zu tun. Es gibt keine Strategie, die als Liebesversicherung dient, auch wenn tausend Bücher etwas anderes behaupten.

Nehmen wir das Beispiel vom hypochondrischen Mann und seiner mit Helfersyndrom ausgestatteten Frau, die glücklich miteinander sind. Wenn jedoch nur einer von beiden sein »Problem« in den Griff bekommt, bleibt der andere auf der Strecke. Der Hypochonder verliert seine übermäßige Angst vor Krankheiten, weil er Abstand zu seiner ihn überbehütenden Mutter schafft. Seine Freundin geht ihm mit ihrer lieb gemeinten Pflege auf einmal entsetzlich auf die Nerven. Oder umgekehrt: Die Helfersyndrom-Frau bekommt in ihrem Job genug Bestätigung und hat keine Lust mehr, ihren kränkelnden Freund zu umsorgen. Der ist am Boden zerstört, fühlt sich im Stich gelassen in seinem Elend. Die Strategie eines Einzelnen wäre hier machtlos. Die Liebe hätte nur dann eine Chance, wenn beide so blieben, wie sie am Anfang waren, oder beide in der Lage wären, ihre Probleme zu bewältigen. Wenn sie dann überhaupt noch Gefühle füreinander empfinden, wo ihnen doch die Substanz der Liebesbeziehung entzogen wurde, das wäre tatsächlich eher reines Glück.

Ebenso hat die Schicksalsgöttin Fortuna ihre Finger im Spiel, wenn sie es unterlässt, im passenden Moment zerstörerisch einzugreifen. Gerade in der sehr gefährdeten vierten Phase einer Beziehung, wo man am Sinn des Ganzen zweifelt und die gemeinsame Zukunft in Frage stellt, kann ein nur kleiner Zufall das endgültige Aus bedeuten: Die ungeplante Gelegenheit für einen Seitensprung mit Folgen, das lukrative Jobangebot in einer anderen Stadt, das blöde Missverständnis, welches zum eskalierenden Streit mutiert – wird die Liebe zu einem ungünstigen Zeitpunkt mit Problemen dieser Art konfrontiert, stehen die Überlebenschancen schlecht. Mit viel Glück bleibt dem Paar eine solche Schwierigkeit in der heiklen Phase erspart und es kann sich den Unwägbarkeiten des Lebens stellen, wenn es gerade auf sicheren Beinen steht. Dann kann eine Krise zur Chance werden, die ein drängendes Problem zum Anlass nimmt, an der Partnerschaft zu arbeiten.

Liebe ist … ein aktives Gefühl

»Du bist das Beste was mir je passiert ist, es tut so gut wie du mich liebst …« [8] Der Refrain eines der erfolgreichsten deutschsprachigen Liebeslieder der letzten Jahre klingt wahrscheinlich jedem im Ohr. Der Song der Gruppe »Silbermond« war ein Riesenhit, in einer Woche schaffte er es von 0 auf 1 der deutschen Singlecharts, er wurde und wird noch immer auf zahlreichen Hochzeiten für den Brauttanz gewählt und wahrscheinlich haben unzählige Paare ihn zu »ihrem Lied« erkoren. Das ist verständlich, denn die Sängerin schafft es, in passend poetischen Worten und auf moderne Art das Gefühl von Intimität und Vertrautheit zu vermitteln. Aber es steckt noch etwas anderes zwischen den Zeilen:

»Wenn sich mein Leben überschlägt, bist du die Ruhe und die Zuflucht. Weil alles, was du mir gibst, einfach so unendlich gut tut. Wenn ich rastlos bin, bist du die Reise ohne Ende, deshalb leg ich meine kleine große Welt in deine schützenden Hände. [...] Betank mich mit Kraft, nimm mir Zweifel von den Augen, erzähl mir 1000 Lügen, ich würd sie dir alle glauben. Doch ein Zweifel bleibt: dass ich so jemand wie dich verdient hab ...«

So schön das alles klingt, es gibt einen Störfaktor, der den Song zu etwas anderem macht als zu einem wirklichen Liebeslied, und das ist die Einseitigkeit. Hier geht es einzig und allein um das Gefühl, geliebt zu werden. Man fordert vom anderen Kraft, Ruhe, Zuflucht und Wohlbefinden und hofft, das ganze auch irgendwie verdient zu haben. Hier schwingt das kindliche Verständnis von Liebe mit, bei dem es in erster Linie darum geht, Zuneigung einzufordern. Und tatsächlich sagt die »Silbermond«-Sängerin Stefanie Kloß, dass sie bei den Zeilen an ihren verstorbenen Vater denkt. Trotzdem haben viele Liebende »Das Beste, was mir je passiert ist« zu ihrer Hymne gemacht. Aber »passiert« einem die Liebe?

Das Wort »passieren« verwendet man für gewöhnlich, wenn man sich vor Verantwortung drücken will. »Mir ist da was ganz Dummes passiert.« »Warum muss das ausgerechnet mir passieren?« Dinge, die passieren, lässt man über sich ergehen, im positiven wie negativen Sinne, man nimmt sie hin und bleibt dabei in erster Linie passiv.

Liebe ist jedoch ein aktives Gefühl. Sie wird nicht lebendig, indem man sie an sich geschehen lässt oder konsumiert. Das Wertvolle und Bereichernde an ihr ist nicht das Geliebtwerden, sondern das Lieben. Wer dem anderen Zuneigung und Wertschätzung entgegenbringt, ohne eine Gegenleistung zu erwarten, der kann im Grunde nicht enttäuscht werden. Wer Glück und Zufriedenheit empfindet, einfach nur, weil es den anderen gibt, der muss sich nicht fürchten, zurückgewiesen zu werden.

Damit ist nicht die Nächstenliebe gemeint, bei der der

Gebende sich aufwertet, indem er Gutes tut. Natürlich darf man nicht selbstlos und gegen das eigene Interesse handeln oder sich gar zu etwas überwinden, nur um dem anderen einen Gefallen zu tun. Freiwilligkeit ist die wichtigste Basis einer gesunden Beziehung, man muss sie für sich selbst in Anspruch nehmen und dem anderen genauso zugestehen. Dann haben die Dinge, die man sich gegenseitig gibt, einen neuen Wert. Und das, was man nicht bereit ist zu geben, wird nicht als Anlass genommen, die Liebe grundsätzlich in Frage zu stellen.

Wer wirklich liebt, der macht keine Rechnungen auf, ob sich das ganze auch über kurz oder lang lohnt, sondern fühlt sich schon deswegen auf der »Haben«-Seite, weil er den anderen im Herzen tragen darf. Denn zu lieben fühlt sich schon für sich allein genommen richtig gut an.

Die Vorstellung vom »aktiv« Liebenden hat wenig gemein mit Platons Vorstellung des Kugelmenschen, der den anderen braucht, um sich wieder komplett zu fühlen. Der Mensch ist für sich genommen schon ein Ganzes – und akzeptiert sein Gegenüber ebenso als vollkommenes Individuum. Nun mag das verlockend einfach und einleuchtend erscheinen, dennoch ist diese Vorstellung nicht jedermanns Sache und macht dem einen oder anderen sogar Angst. Wenn nun jeder für sich drauflos liebt, ohne Rückversicherung und Verschmelzungsgarantie, wie kann daraus eine feste, ernst zu nehmende Beziehung werden? Zudem kann man sich selbst selten dahingehend einschätzen, was man wirklich erwartet, was man fürchtet und hofft. Kaum einer gesteht sich ein, dass er den Liebsten auch ein Stück weit benutzt, um sich liebenswert zu fühlen. Wären uns solche Beweggründe bewusst, sähe alles schließlich ganz anders aus. Wie aber die Rolle in der Partnerschaft möglichst objektiv erkennen, wie verhindern, dass man mit unbewussten Forderungen oder Einschränkungen das Fundament der Freiwilligkeit zerstört?

Die Antwort geben die eigenen Erfahrungen. Ob und wie geliebt wird oder wurde, erkennt man meist erst im Nachhinein. Rückblickend wird klar, dass es eine Menge Gründe gab außer der Liebe, weswegen man mit einem Menschen zusammen gewesen ist. Der Hypochonder versteht, dass er mehr eine Krankenschwester als eine Geliebte brauchte, die Helfersyndrom-Frau möchte nie wieder einen Partner, für dessen Wohlergehen sie sich aufopfern muss. Beide haben sie nach Beenden ihrer Beziehung erkannt, welche Rolle ihre individuellen Probleme bei der Partnerwahl gespielt und schließlich zum Ende der Zweisamkeit geführt haben. Mit dieser Erfahrung im Gepäck sind sie gut ausgerüstet, auf eine wirklich neue Reise in Sachen Liebe zu gehen.

Menschen sind durchaus lernfähig, was dieses Gefühl angeht. Der eine mehr, der andere weniger. Manch einer nutzt schon sehr früh die Chance, an den Erfahrungen zu wachsen. Doch viele schaffen es nicht, bringen nicht den Mut auf, sich dem Scheitern der früheren Beziehung zu stellen und stürzen sich stattdessen lieber in die nächste Liebesgeschichte – die nicht selten wieder in die Brüche geht. Bis vielleicht irgendwann die Bereitschaft da ist, dem Umgang mit der Liebe auf den Grund zu gehen. Man kommt dem Gefühl immer mehr auf die Schliche, entweder in der Beziehung, die einen schon viele Jahre umgibt, die sich entwickelt und reift. Oder in einer neuen Partnerschaft, die auf dem aufbauen kann, was man in der Vergangenheit gelernt hat. So startet eine zweite Ehe, wenn sie eine ausgereifte, überlegte Liebesheirat, gepaart mit vernünftigen Erwartungen ist, durchaus unter günstigen Voraussetzungen.

Insa & Tim
und die Ehe

Zugegeben, Tim hätte noch vor wenigen Jahren sein letztes Hemd verwettet, dass er nie wieder so verrückt wäre, aufs Standesamt zu gehen. Das Thema Ehe war für ihn erledigt gewesen, ein für alle Mal! »Die Ehe ist das Licht des Lebens. Und am Ende kommt die Stromrechnung …« Dieser Spruch war sein Motto geworden, damals, nachdem von seiner ersten Ehe nichts weiter übriggeblieben war als drei dicke Aktenordner voller Gerichts- und Anwaltsschreiben und die monatlichen Unterhaltsabrechnungen für die Exfrau und seinen Sohn Felix, den er viel zu selten zu Gesicht bekam. Niemals hatte ihn etwas so enttäuscht wie seine erste Frau Sabine, von der er geglaubt hatte, mit ihr alt werden zu können.

Und es war noch nicht einmal besonders naiv von ihm gewesen, das zu glauben. Kurz vor seinem dreißigsten Geburtstag hatte es ihn übermannt, endlich Nägel mit Köpfen zu machen. Sabine und er kannten sich aus dem Lehramtsstudium, und zwar in- und auswendig. Er mochte an ihr diese etwas flippige Art, manchmal fühlte er sich daneben sogar ein bisschen farblos. Doch sie sagte ihm, genau das wisse sie an ihm zu schätzen, dass er so ruhig und ausgleichend sei.

Warum hätte er das hinterfragen sollen? Schließlich verstanden sie sich prima, hatten Spaß miteinander, liebten sich, keine Frage. Zwei sichere Gehälter am Monatsende und dann das Angebot, ein Grundstück hinter Sabines Elternhaus zu bebauen, das alles hatte ihn ermutigt, dass nun die Zeit zum Heiraten gekommen war. Sie wollten Kinder, mindestens zwei, träumten sogar von einer kleinen Finca auf Mallorca, irgendwann in ein paar Jahren. Die Hochzeit war pompös ausgefallen, 120 Gäste feierten kräftig mit und alle wünschten von Herzen nur Glück. Was sollte da noch schief gehen?

Es hat lange gedauert, bis Tim eine Antwort auf diese Frage fand. Im Grunde war er schon seit zwei Jahren ausgezogen, als er endlich einigermaßen verstand, warum seine Ehe zu Ende gegangen war. Sabine hatte das weitaus schneller bemerkt. An dem Tag, als sie ihn vor vollendete Tatsachen gestellt, ihm von ihrem Wunsch nach Veränderung und den zahlreichen missglückten Versuchen der Eherettung erzählt hatte, an diesem Tag hatte er sich wenige Stunden vorher lediglich den Kopf darüber zerbrochen, ob das neue Familienauto besser ein Kombi oder eine Großraumlimousine werden sollte. Und dann zerfiel sein Leben in Scherben. Die Sollbruchstellen waren ihm einfach entgangen.

Als er die anfängliche Wut auf Sabine und die Trauer über das Scheitern verwunden hatte, war ihm nach und nach klar geworden: Seine Ehe war eine gut funktionierende Institution geworden, in der es allerdings keine Möglichkeit zur Veränderung gegeben hatte. Alle Zahnräder liefen nur dann reibungslos, wenn alles so blieb, wie es war. Sie war die Flippige, er der ruhende Pol. Und das hatte Sabine plötzlich nicht mehr gewollt. Vielleicht hatte sie die Unzufriedenheit nicht deutlich zum Ausdruck gebracht, vielleicht war er aber auch zu blind gewesen, die Anzeichen zu erkennen. Die Reue, es vermasselt zu haben, hatte ihn ganz schön etwas gekostet. Nicht zuletzt seinen Glauben an die Liebe. Nie wieder wollte er das Risiko eingehen, erneut einen solchen Fehler zu begehen. Ehe? Nein danke!

Bis Insa in sein Leben prallte, ungefragt und mit voller Wucht, und in ihm eine Wende um 180 Grad verursachte. Sie ist die Frau, mit der er es noch einmal versuchen wollte. Sie ist die Frau, bei der er optimistisch nach vorne schauen kann. Schließlich sind Fehler dazu da, aus ihnen zu lernen – und er ist durch eine harte Schule gegangen. Bei Insa will er es besser machen. Ganz bestimmt. Und das weiß sie auch. Warum nur zögert sie so lange, ja zu ihm zu sagen?

Insa ist eine gute Ehefrau und Mutter gewesen. Vielleicht zu gut. Sie wusste, was ihr Mann Oliver gern aß, welche Sendungen er im Fernsehen schaute, wohin er am liebsten in den Urlaub fuhr und wie man ihn zum Lachen bringen konnte, wenn er schlecht gelaunt von der Arbeit nach Hause kam. Ebenso kannte sie sämtliche Vorlieben und Abneigungen ihrer Kinder Merle und Lukas – keine Pilze und Zwiebeln, die Sendung mit der Maus, Bauernhof im Schwarzwald, Grimassen schneiden vor dem Spiegel. Es kostete sie keine Mühe, dies alles zu wissen, sie hatte es verinnerlicht. Wie sehr war sie irritiert, als sie dann mal eine halbe Woche allein zu Hause gewesen war. Die Kinder bei der Oma, Oliver auf Dienstreise … Der Kühlschrank war leer gewesen, der Fernseher aus, sie wusste nichts mit sich anzufangen und war furchtbar traurig. Nicht, weil ihr die anderen gefehlt hätten, nein, sie hat sich auf einmal selbst vermisst.

Das war der Anfang vom Ende gewesen, diese Erkenntnis, sich in der Ehe vollkommen aufgelöst zu haben. Denn ihre Suche nach sich selbst hatte Oliver nur zynisch als »Selbstfindungs-Getue« belächelt. In der dazugehörenden Paartherapie waren sie immer nur bei ihr, ihren Problemen, ihren Wünschen angelangt – und nicht weitergekommen. Natürlich nicht, schließlich waren Oliver und die Kinder mit der Situation wunschlos glücklich gewesen.

Es waren noch drei lange Jahre ins Land gegangen, bis sie sich endlich bewusst machen konnte, dass es nur zwei Möglichkeiten gab: Entweder ging ihre Ehe den Bach runter – oder sie selbst. Und dann traf sie Tim. Im richtigen Augenblick, könnte man denken, denn ohne ihn hätte sie es nie geschafft, die Konsequenzen zu ziehen. Dass sie sich in einen anderen Mann verliebte, war zwar nicht der Grund, aber der Anlass, Oliver zu verlassen.

Die Trennung war ein Debakel gewesen, in jeder Hinsicht. Die Kinder waren kreuzunglücklich und Insa fühlte sich schuldig daran. Ihre Eltern und Schwiegereltern überhäuften sie mit Vorwürfen, gemeinsame Freunde wandten sich von ihr ab, stellten sich auf Olivers Seite. Und der war der Allerschlimmste, in seiner verständlichen Verletztheit tobte er, drohte, bettelte, fluchte …

Die Beziehung zu Tim hatte in dieser Zeit kaum die Chance, sich zu entwickeln. Zum Glück ist ihr neuer Freund ein rücksichtsvoller und geduldiger Mann, der es gut ertragen kann, die zweite oder dritte Geige zu spielen, aber trotzdem da ist, wenn man ihn braucht.

Insa suchte für sich und die Kinder eine neue Wohnung, arbeitete wieder Vollzeit in der Agentur, machte eine Therapie – und gewann irgendwann wieder Boden unter den Füßen und ein neues Selbstbewusstsein. Erst als sie sicher war, es auch allein schaffen zu können, und stark und selbständig ihre Frau stand, erst da ließ sie Tim bei sich und den Kindern einziehen.

Und obwohl ihr heute mehr als bewusst ist, in ihm einen wunderbaren Partner gefunden zu haben, bleibt Insa vorsichtig. Sie hat Angst, sich in dieser Beziehung erneut aufzulösen. Auch wenn sie weiß, dass Tim in dieser Hinsicht sensibel und bei ihm die Gleichberechtigung kein halbherziges Versprechen ist. Sie hat schon einmal an die Ehe geglaubt, hat alles dafür getan, damit sie gelingt – und schließlich selbst das Handtuch geworfen. Sie ist schon einmal gescheitert. Sie hat schon einmal einen Menschen – und mit ihm zwangsläufig viele andere auch – enttäuscht und verletzt. Das will sie sich und niemandem mehr antun müssen.

Insa: Warum können wir es nicht so lassen, wie es ist? Ohne Trauschein? Ohne diesen ganzen bürokratischen und juristischen Mist? Das geht doch genauso gut.

Tim: Natürlich können wir es so lassen, wie es ist. Ich mache es nicht zur Bedingung, dass du mich heiratest.

Insa: Aber?

Tim: Aber ... Na ja, du sagst mir, es gibt für dich eigentlich keinen Grund zu heiraten. Aber gibt es denn einen Grund, es nicht zu tun?

Insa: Hmm ...

Tim: Du bist du und ich bin ich. Wir haben unsere Vergangenheit und die hat uns beiden zugesetzt. Aber wir haben auch Erfahrungen gesammelt, mit denen wir es jetzt besser machen könnten.

Insa: Das stimmt. Aber dazu müssen wir nicht heiraten. Warum muss es unbedingt die Ehe sein?

2. Die Ehe – Was soll das Ganze?

Das Zusammenleben von Mann und Frau (und in neuerer Zeit glücklicherweise auch von Mann und Mann bzw. Frau und Frau) wurde schon immer innerhalb der Gemeinschaft geregelt. Dass man ein Verhältnis zu einer Institution machen will, hat mit der Absicherung des Nachwuchses zu tun. Der Mann will sichergehen, kein »Kuckucksküken« zu ernähren, die Frau beansprucht für sich und die Kinder einen zuverlässigen Schutz, bis Letztere flügge geworden sind. Doch heute bedeutet das Zusammenleben mehr als das. Die Verantwortung der Partner füreinander ist stets Mitbestandteil, denn das Nest, welches man gemeinsam baut und einrichtet, dient nicht nur als Kinderstube, sondern auch als eigene Heimat, in der man unter sich und ganz privat sein kann. Die Liebesheirat, die wir heutzutage als das Ideal betrachten, war gestern noch eine Kuriosität und wird morgen vielleicht wieder in Frage gestellt werden. Was jedoch seit Menschengedenken und in fast allen Kulturen stets Gültigkeit hat, ist der Vernunftsaspekt der Verbindung – obwohl das, was wir als vernünftig erachten, natürlich immer relativ ist.

Das Wort *Ehe* stammt aus dem Althochdeutschen und

Häufigste Gründe für das erste Ja-Wort:
46 % Liebe
20 % Kinderwunsch/ Schwangerschaft
(wird deutlich öfter von Männern angegeben)
13 % Sicherheit
(wird deutlich öfter von Frauen angegeben)
13 % Beziehung vertiefen

bedeutet tatsächlich so viel wie »Sitte, Recht, Gesetz«, ein uraltes Gesetz also, welches sich immer mit den neuesten Entwicklungen vertragen musste. Allein die Rolle der Frau hat sich seit der Antike grundlegend verändert und die Gestaltung der Partnerschaft maßgeblich beeinflusst. Früher wurden die Ehen arrangiert, um Frieden und Wohlstand von Sippen oder Fürstentümern zu sichern. Heute möchte man sich mit dem frei gewählten Partner ein emotional und sozial stabiles Fundament für die individuelle Entwicklung schaffen.

Einfach nur so über die Ehe referieren kann man also kaum, weil sie sich laufend verändert in ihrer Gestaltung, ihrer Bedeutung und ihren Prioritäten. Eins jedoch ist immer gleich geblieben: Das Zusammenleben zweier Menschen war stets so wichtig, dass es geregelt werden musste – oder so kompliziert.

Die Geschichte der Ehe im Schnelldurchlauf

Es gibt nur Vermutungen, wie das Familienleben in der ganz frühen Menschheitsgeschichte organisiert war. Die uns genetisch am nächsten stehenden Affenarten leben beispielsweise polygam, weiter entfernt »verwandte« Primaten wie die Krallenaffen oder Gibbons sind hingegen ein ganzes Leben lang nur einem Partner treu.

Es ist aber anzunehmen, dass das Zusammenleben von Männern und Frauen beispielsweise in der Steinzeit reglementiert war, nicht zuletzt, weil bereits hier eine Rollenverteilung vorgelegen hat, wonach der Mann auf die Jagd ging, während die Frau in der Höhle und bei den Kindern blieb. Hier wurde also im Prinzip bereits eine Art Tauschhandel vereinbart: Wenn der eine für das Essen sorgt, kümmert sich der andere um dessen leibliches Wohl und den Nachwuchs. Ob es allerdings Zeremonien gab, die mit einer heutigen Trauung zu vergleichen sind, ist fraglich.

Die erste Hochkultur der Sumerer, die 4000 Jahre v.Chr. in Mesopotamien das Rad und die Schrift hervorgebracht hat, hat ihre Götter verheiratet, um aus dieser Verbindung einen Nutzen für die Menschen zu ziehen: Ihr Hirten- und Vegetationsgott Dumuzi verband sich Jahr für Jahr in einem heiligen Akt mit der Fruchtbarkeitsgöttin Inanna und sorgte so für den ersehnten Regen. Im alten Ägypten hatten die Pharaonen eine Frau und mehrere Nebenfrauen, im Alten Testament begegnet uns diese Form der Polygamie auch in den nicht königlichen Familien. Die zwölf Stämme Israels basieren auf den männlichen Nachkommen Jakobs, die er mit seinen zwei Ehefrauen und deren Dienerinnen gezeugt hat. [9] König Salomon soll es sogar auf 700 Frauen und 300 Nebenfrauen gebracht haben. [10] Inwiefern die Ehefrauen nun ihrerseits mehrere Männer hatten, darüber kann man nur spekulieren. Es ist anzunehmen, dass ein außereheliches Verhältnis für das weibliche Geschlecht ein hohes Risiko barg; überführte Ehebrecherinnen wurden (und werden in einigen Ländern auch heute noch) gesteinigt.

Über die alten Griechen wissen wir, dass sie ihre Gattinnen von der Öffentlichkeit fern hielten, während sie selbst am kulturellen, politischen und sportlichen Geschehen teilnahmen. Doch die Frauen konnten innerhalb ihres Privathaushaltes sehr wohl das Zepter schwingen, sie hatten als Hausverwalterinnen das Sagen über das gesamte Personal. Die Ehe war immer ein Arrangement, welches die Verbindung zweier Haushalte festigen und den Besitz zusammenfügen sollte, oft waren Braut und Bräutigam sogar verwandt, nicht selten Halbgeschwister. Der Mann heiratete erst mit 30, die Frauen hingegen wurden zwischen 14 und 18 vermählt. Da die Geschlechter in Griechenland streng voneinander getrennt aufwuchsen, waren sich die Eheleute bis zur Hochzeit meist fremd. Intimität zwischen den beiden war so gut wie unmöglich, der Vollzug der Ehe hatte dreimal im Monat stattzufinden und hätte das den beiden auch noch Spaß bereitet, wäre es eine Katastrophe und Herabsetzung der Frau gewesen. Zur Stillung der Liebeslust gingen die Männer in ein Bordell oder suchten die etwas kultiviertere Gesellschaft der Hetären. Zudem gab es den aus heutiger Sicht mehr als befremdlichen Brauch der Knabenliebe, die als reinste und schönste Verbindung zweier Seelen gesehen wurde. Trotzdem konnten die Eheleute, die sich eher selten zu Gesicht bekamen, durchaus in Liebe oder inniger Zuneigung verbunden sein, denn die gemeinsamen Kinder und der funktionierende Haushalt stellten eine wesentliche Gemeinsamkeit dar. Interessant ist zudem, dass die Frau das Recht hatte, das Haus – und somit die Ehe – zu verlassen, wenn der Mann sie nicht respektvoll behandelte, die Mitgift durfte sie als Absicherung mitnehmen.

Bei den bürgerlichen Römern gab es einige Jahrhunderte später immerhin so etwas wie ein Vetorecht, wenn eine Ehe arrangiert werden sollte, denn man erkannte, dass eine gewisse Harmonie zwischen Mann und Frau der Gemeinschaft nicht unbedingt schadet. Die Tatsache, dass die Frau über ein vom Vater gestelltes Vermögen verfügte, erlaubte ihr ein eigenständiges und auch öffentliches Leben, was die Partnerschaft nicht einfacher machte, aber interessanter und dadurch auch oftmals erfüllter. Viele Dichter und Denker begannen, die Liebesehe als ein Idealbild zu preisen. Interessanterweise gibt es zeitgleich eine auffällige Entwicklung: Scheidungen und Wiederverheiratungen waren im

1. Jahrhundert nach Christi Geburt nicht selten. Zwar hielten sich die Männer noch immer Konkubinen und auch die Frauen vergnügten sich ab und zu mit Nichtbürgerlichen – doch »das wechselseitige Einswerden im Verschmelzen der beiden Willen zu einem gleichbestimmten Wollen ununterscheidbarer Seelenstärke«[11] war das höchste Ziel. Obwohl der Staat es lieber sah, wenn Eheleute über ein jeweilig eigenes Vermögen verfügten, praktizierten immer mehr die damals fortschrittliche Gütergemeinschaft: alles gehörte beiden.

Mit der Ausbreitung des frühen Christentums wurden die bis dahin sehr eng verflochtenen Familienbande gelockert, da die Kirche auf diese Weise die heidnischen Hausgötter zugunsten ihrer Religion vertreiben wollte. Die Hochzeit zwischen Verwandten und Verschwägerten wurde als Inzest verboten. Zudem gab es die Alternative für Männer und Frauen, sich mit dem Eintritt ins Kloster für Ehelosigkeit und ausnahmslose Liebe zu Gott zu entscheiden.

Lange war das Heiraten ohnehin nur eine Angelegenheit für höher gestellte Bürger. Diener und andere niedrige Gemeindemitglieder lebten ohne irgendeine Reglementierung zusammen und ihre Nachkommen blieben ebenso ehelos.

Bereits im frühen Mittelalter gab es verschiedene Eheformen, die passend auf die jeweiligen Standesunterschiede zugeschnitten waren. Die *Muntehe* – als reine Vertragssache zwischen meist adeligen Familien üblich – regelte die Vormundschaft über die Braut, die vom Vater auf den Ehemann übertragen wurde. Hier spendete ein Priester seinen Segen für eine möglichst lebenslange Verbindung, die darin bestand, dass der Ehemann Verfügungsgewalt über die Frau, die Kinder und das Vermögen hatte und im Gegenzug seiner Familie den nötigen Schutz bot. Das Scheidungsrecht lag – wen wundert es – auch gänzlich beim Mann.

Nahm sich ein freier Mann zur damaligen Zeit eine unfreie Frau, um mit ihr in eheähnlichem Zustand zusammenzuleben, dann sprach man von der *Kebsehe*. Hier wurde die Frau nicht nach ihrem Willen gefragt, sondern war alleiniges Eigentum des Mannes. Die gemeinsamen, erbunberechtigten Kinder nannte man »Kegel« – hierher stammt der heute noch gebräuchliche Begriff »mit Kind und Kegel«.

Wesentlich gleichberechtigter ging es in der *Friedelehe* zu, die standesunabhängig war und von beiden Partnern freiwillig und nicht von Dritten arrangiert eingegangen wurde. Hier galt als Zeremonie der Einzug der Frau in das Haus des Mannes und die darauf folgende Hochzeitsnacht. Da die Brautväter meist mit dieser Form der Ehe nicht einverstanden waren, gab es auch keine Vormundschaftsübertragung auf den Mann – die Frau machte sich also von männlicher Bevormundung unabhängig. Diese Ehen basierten ähnlich wie heute auf Zuneigung, und wenn diese nicht mehr gegeben war, konnten beide die Scheidung erwirken. Was sehr modern klingt und zur damaligen Zeit nahezu revolutionär war, hatte noch immer den guten alten Zusatz, dass der Mann – wenn er denn wollte – auch mehrere Frauen heiraten konnte.

Ab dem 10. Jahrhundert mischte sich die Kirche immer mehr in das Privatleben der Menschen ein und schaffte diese Formen der offiziellen Polygamie ab. Stattdessen erklärte sie die Ehe zu einem heiligen Sakrament, welches sich die Partner gegenseitig spenden und das Treue, Einpaarigkeit und Gottesfurcht beinhaltet. (Bis auf den Buddhismus haben die großen Weltreligionen übrigens ähnliche Ansichten, was die Gestaltung der Ehe angeht. Gegenseitige Wertschätzung und nicht allzu ausschweifende Sexualität sind das Ideal. Die Meinungen über eine eventuelle Auflösung der Verbindung gehen jedoch weit auseinander: Im

Judentum wird das Ganze recht unproblematisch als Korrektur der Vergangenheit gesehen, im Christentum ist die Ehe bis auf wenige Ausnahmen unauflösbar, im Hinduismus gilt das für Frauen sogar über den Tod des Partners hinaus und im Islam gibt es unterschiedliche Scheidungsverfahren für Mann und Frau.)

In der Zeit der Aufklärung verlor die Religion jedoch allmählich ihren Einfluss, dafür wurde etwas ganz Neues entdeckt: das Privatleben. Die Trennung von Arbeits- und Wohnraum ermöglichte es den Eheleuten, im sehr kleinen Rahmen, nur zu zweit oder im engsten Familienkreis, in einer intimen Umgebung zu leben. Dass diese Entwicklung Auswirkungen auf die Ehe hatte, leuchtet ein. Die Rolle der Frau wurde zwar weiterhin auf das Dasein für Haushalt, Mann und Kinder beschränkt, doch der Mann bekam die »neue« Aufgabe, Vater zu sein und somit mehr am Familiengeschehen teilzunehmen. Während der Reformation wurde das Thema Ehe kontrovers diskutiert. Martin Luther sah das Ganze als weltliche Angelegenheit und verteufelte auch die Scheidung nicht, denn die Menschen seien nun mal fehlbar und ihren gottgegebenen Trieben ausgeliefert. Wenn es hingegen nach den Pietisten gegangen wäre, hätten Lust und Liebe gänzlich von der Tagesordnung gestrichen werden müssen.

Die Industrialisierung, zwei Weltkriege und die irrsinnige Familienpolitik der Nationalsozialisten prägten das Eheverständnis weiter, dann wurden in der zweiten Hälfte des 20. Jahrhunderts die Stimmen der Frauen lauter, die tatsächliche Gleichberechtigung forderten und sich dank moderner Verhütungsmittel auch für einen Mann, aber gegen eine Familie entscheiden konnten. Während noch hundert Jahre zuvor das Zusammenleben der praktischen Organisation des Lebens diente, standen nun ganz andere Erwartungen auf dem Programm: Die Ehe sollte ein intimer Ort sein, in dem man Vertrautheit, Respekt, Unterstützung – aber eben auch Liebe, Erotik, individuelle Selbstentfaltung und Vermögenszuwachs erfahren kann. Die Wünsche scheinen einander sogar fast zu widersprechen: Man will unbedingte Nähe und gleichzeitig Eigenständigkeit. Man will akzeptiert werden, wie man ist, aber trotzdem herausgefordert sein. Man will Haus, Kind und Karriere und gleichzeitig frei und unabhängig sein. Man überfrachtet die Partnerschaft und macht sie zum Dreh- und Angelpunkt, damit das Leben gelingt. Die Ehe ist zum Glücklichsein da – und schon die Abwesenheit von Glück wird als Unglück definiert, reine Zufriedenheit reicht nicht wirklich aus.

Dass diese manchmal unerfüllbaren Ansprüche zu den rasant steigenden Scheidungszahlen beitragen, leuchtet ein. Ehetherapeuten kennen diese unzufriedenen Paare, die doch eigentlich alle Energie in ihre Beziehung gesteckt haben und trotzdem irgendwann erkennen, dass es im wahrsten Sinne »vergebene Liebesmüh« gewesen ist. Psychologen fordern dringend eine Entlastung der Ehe, indem weniger Anprüche gestellt und die Erwartungen heruntergeschraubt werden. [12]

Die Ehe als wechselhafte Geschichte der Beziehung zwischen Mann und Frau – ist sie etwa heute, im 21. Jahrhundert, an ihrem Ende angekommen?

Die Zukunft der Ehe

Von Jägern und Sammlern zum modernen, individualisierten Menschen – da hat die Ehe bereits eine lange Strecke hinter sich. Dass die Entwicklung unserer Gesellschaft der

Institution eher geschadet hat, behaupten vor allem die Moralisten, die gern an Bestehendem festhalten und neue Ansichten fürchten. Insbesondere wenn die Scheidungszahlen präsentiert werden, sorgen sich viele um den Verfall der gültigen Werte.

Dabei sind die Statistiken, die immer wieder zitiert werden, relativ: Jede dritte Ehe wird geschieden – diese Aussage bezieht sich auf das Verhältnis zwischen Eheschließungen und Scheidungen. Klingt kompliziert – ist es auch ein bisschen. Es bedeutet, dass dreimal so viele Paare pro Jahr zum Standesamt gehen wie zum Scheidungsrichter. Doch die Ehedauer – am gefährlichsten ist übrigens das sechste Ehejahr [13] – muss in diese Rechnung mit einbezogen werden. Die Zahl der Eheschließungen ist seit Jahren rückläufig, die Zahl der Scheidungen hingegen stagniert oder steigt leicht an; auf diese Weise verschiebt sich das Verhältnis zwischen den beiden Faktoren und lässt die Sache im Grunde schlimmer aussehen, als sie in Wirklichkeit ist. Rechnet man nämlich die vielen, seit Jahrzehnten bestehenden Ehen dazu, kommt man zu einem Ergebnis, das sich ganz anders anhört, auch wenn es auf denselben Zahlen basiert: Im Jahr 2007 wurde nur ein Prozent der bestehenden Ehen geschieden.

Zahlenreihen verraten nichts über die Schicksale, die dahinter stehen. Natürlich blieben früher mehr Menschen bis zum Tod zusammen, dies liegt aber erstens daran, dass die Menschen vor hundert Jahren noch eine wesentlich kürzere Lebenserwartung hatten. Nie waren Eheleute so lange verheiratet wie heutzutage. Zweitens erteilt die geringere Scheidungsquote keine Auskunft darüber, ob die Ehen damals für beide Partner glücklich gewesen sind. Es war einer frustrierten Gattin meist schlichtweg nicht möglich, den ungeliebten Mann zu verlassen und eigene Wege zu gehen, denn sie war finanziell und oft auch emotional von ihm abhängig. Wer weiß, wie die Scheidungszahlen damals ausgesehen hätten, wäre die Emanzipation hundert Jahre eher gekommen.

Abgesehen vom Geschlechterunterschied kam eine Ehetrennung damals einer sozialen Katastrophe gleich, man wurde ausgegrenzt und war in der Kirche als Ehebrecher gebrandmarkt. Die steigenden Scheidungszahlen hatten den positiven Nebeneffekt, dass das Phänomen Trennung salonfähig wurde und man bei dieser Entscheidung keine derartigen Konsequenzen mehr befürchten musste. Zumindest nicht in der Härte.

Als die umstrittene Ex-CSU-Landrätin Gabriele Pauli vor einigen Jahren die »Ehe auf Zeit« zum Gesprächsstoff machte, wurden viele bunte Meinungen laut, von A wie absurd bis Z wie zukunftsweisend waren alle Adjektive vertreten. Die provokant formulierte Idee, Ehen grundsätzlich erst einmal für sieben Jahre zu schließen und dann gegebenenfalls in beiderseitigem Einverständnis verlängern zu lassen, war natürlich ein Unding für die Konservativen. Die Ehe als ein Bündnis für die Ewigkeit ist anscheinend noch immer ein Ideal, welches nicht so schnell aufgegeben werden soll.

Wie lange gilt das Ja-Wort?
50 % Es ist ein Ja für immer (auch wenn ich es besser wissen müsste)
42 % Es ist ein Ja auf unbestimmte Zeit
8 % Das Ja bindet mich an nichts

Interessanterweise haben auch bei der Umfrage für dieses Buch die Hälfte aller Befragten bei ihrer zweiten Eheschließung ein Ja *für immer* gegeben – selbst mit der Einschränkung, dass sie es eigentlich besser wissen müssten. Knapp die Hälfte hingegen sieht ihr Jawort auf dem Standesamt als ein Versprechen auf unbestimmte Zeit, eine kleine Minderheit fühlt sich trotz Hochzeit an gar nichts gebunden. [1]

Warum fällt es so schwer, sich vom Ewigkeitsanspruch an die Partnerschaft zu lösen? Bedeutet die Erleichterung, sich problemlos trennen zu können, unmittelbar Gefahr, dies auch bei erstbester Gelegenheit zu tun? Ist Verbindlichkeit nur möglich, wenn sie den Eindruck erweckt, für immer zu gelten? Oder würden die Partner einander im Gegenteil viel umsichtiger begegnen, wenn sie im Hinterkopf haben, dass es die Option der Trennung gibt?

Der Vorschlag einer »Ehe auf Zeit« beinhaltet im Grunde genommen den Wunsch nach Vereinfachung des Scheidungsablaufs. Die Trennung sollte leichter vonstatten gehen, im bürokratischen wie im moralischen Sinne. Gesellschaftlich muss man es inzwischen als normal ansehen, wenn Eheleute nach einer gewissen Zeit auseinander gehen – rein statistisch gesehen ist es das ja bereits. Doch noch immer spricht man vom »Scheitern der Ehe«, selbst wenn Mann und Frau zehn Jahre lang recht glücklich zusammengelebt haben und sich dann im gegenseitigen Einverständnis trennen, weil sie sich neu orientieren möchten. Aber sind die beiden wirklich gescheitert, weil sie nicht bis zum Schluss »durchgehalten« haben? Offensichtlich scheint es noch immer moralischer, sich bis ans Ende das gemeinsame Leben zur Hölle zu machen, als sich zu trennen, solange man sich noch respektvoll begegnen kann.

Lange wird diese Pseudomoral nicht mehr gültig sein, seit dem »Scheidungsboom« der sechziger Jahre sind neue Generationen herangewachsen. Viele Scheidungswaisen haben inzwischen selbst geheiratet, und man sagt, dass diese als Erwachsene der Möglichkeit, eine unglückliche Ehe durch Scheidung zu beenden, wesentlich aufgeschlossener gegenüberstehen (was nicht bedeutet, dass Scheidungskinder keine Angst vor dem Scheitern der Ehe haben. Meist ist sogar das Gegenteil der Fall).[14]

Und die vielen Geschiedenen, die erneut auf dem Standesamt stehen, machen deutlich, dass man auch ein zweites oder drittes Mal ein ernsthaftes Versprechen geben kann.

»Serielle Monogamie« wird das Ganze genannt und von Soziologen als die Lebensform der Zukunft gesehen. Menschen leben als Paar zusammen, Treue und Loyalität sind nach wie vor unbedingte Werte ihrer Partnerschaft. Nur die Vorstellung, dass es für immer halten muss, egal, was da kommen mag, diese Vorstellung ist nicht mehr zwangsläufig in den Köpfen verankert.

Natürlich bedeutet dies nicht, dass man sich bei der kleinsten Krise verabschiedet und den Partner in schlechten Zeiten mir nichts, dir nichts sitzen lässt; die serielle Monogamie ist ernsthaft und auf Dauer ausgelegt. Aber wenn die Liebe auf der Strecke bleibt oder das Leben sich anders entwickelt als gedacht, kann und darf man gehen. Man hat andere Erwartungen an die Partnerschaft, verfolgt alternative Lebensstile, lernt etwas dazu, verabschiedet sich von alten Ansichten – und freut sich schließlich über einen neuen Mann, eine neue Frau an der Seite, damit man die vor einem liegenden Wege nicht allein beschreiten muss.

Wortschöpfungen wie »Lebensabschnittsgefährte« und »Patchworkfamilie« beschreiben etwas ironisch die Situation, wenn sich alte Familienstrukturen auflösen und neue zusammenfinden. Zudem verharmlosen diese Begriffe auch die Schwierigkeiten und Enttäuschungen, die mit der Trennung und Neuorientierung einhergehen. Die Auswirkungen, die diese Neugestaltung der Lebensentwürfe langfristig hat, werden von zahlreichen Untersuchungen unter die Lupe genommen und die Ergebnisse können widersprüchlicher nicht sein. Die Zeit wird zeigen, wie es sich auswirkt, wenn die Ehe sich vom idealisierten und somit nicht wirklich praxistauglichen Anspruch verabschiedet und zu einer von Vernunft und Liebe getragenen Verbindung für eine unbestimmte Zeit wird. Es kann das Ende der Ehe sein – oder die Chance für einen sinnvollen Neuanfang.

Es gibt viele Gründe für eine zweite Heirat – und viele dagegen

Wer überlegt, ein zweites Mal zu heiraten, wägt umso sorgfältiger ab, wie dieser Entschluss sich auf die Zukunft auswirken wird. Das bedeutet nicht, dass man den Partner nicht wirklich liebt oder übertrieben skeptisch ist, ob die Sache gut geht. Es ist nur eine logische Konsequenz, wenn man einmal am eigenen Leib erfahren hat, dass es bei der Ehe um mehr geht als das romantische Gefühl des Zusammengehörens.

Man geht auch eine Art Geschäftsbeziehung ein, die rechtliche und finanzielle Auswirkungen für die Zukunft hat. Es geht um Verantwortung, die man füreinander übernimmt, in emotionaler wie juristischer Weise. Es geht um die Versorgung der Kinder, die Neugestaltung der Familienstruktur, die Wahrnehmung als Einzelner und als Paar … Es geht tatsächlich um sehr viel!

Schön wäre eine Garantie oder ein Blick in die Kristallkugel, damit man weiß, ob es gut geht. Gibt es aber leider nicht, stattdessen muss man sich mit den zahlreichen Gesetzestexten und Statistiken begnügen, die das Phänomen Ehe zu durchleuchten versuchen, und da steht jedem glasklaren Pro ein knallhartes Contra gegenüber.

Ja, ich will, denn die *Steuerklasse wird günstiger.*
Insbesondere wenn einer von beiden mehr verdient, lohnt sich das sogenannte Ehegatten-Splitting, bei dem die progressiv ansteigende Besteuerungskurve günstiger verläuft.

Nein, ich will lieber nicht, denn für *Alleinerziehende wird es ungünstiger.*
Die staatlichen Unterstützungsleistungen für Alleinerziehende (Hartz IV, Unterhaltsvorschuss, Steuerfreibetrag) gelten nicht mehr, wenn der erziehende Elternteil in neuer Partnerschaft lebt.

Ja, ich will, denn das sorgt für *klare Verhältnisse in der Bürokratie.*
Wer verheiratet ist, wird offiziell als nächster Angehöriger angesehen. Der Ehemann, die Ehefrau wird z.B. informiert und als Entscheidungsträger herangezogen, wenn der Partner gesundheitlich nicht mehr in der Lage ist, über sich selbst zu bestimmen.

Nein, ich will lieber nicht, denn die *Eigenverantwortung nimmt ab.*
Verheiratete sind während der Ehe unterhaltspflichtig, auch wenn Gütertrennung vorliegt. Dies bedeutet für den einen eine Absicherung und für den anderen eine Verpflichtung und kann dazu verleiten, sich in eine finanzielle Abhängigkeit zu begeben.

Ja, ich will, denn so ist man *im Todesfall besser abgesichert.*
Wenn ein Partner stirbt, erhält der Hinterbliebene

Nein, ich will nicht, denn so *wird es im Todesfall komplizierter.*
Sollten die neuen Eheleute eine sogenannte Patch-

Witwen/r-Rente. Ehepartner, die in Zugewinngemeinschaft leben, haben im Erbfall einen höheren Steuerfreibetrag (gilt nicht bei Gütertrennung).

workfamilie gründen, müssen unbedingt klare Regelungen für den Erb- und auch Versicherungsfall getroffen werden, damit die Kinder wie auch Ehepartner richtig abgesichert sind.

Bei aller Liebe, die Eheschließung ist ein bürokratischer Akt. Die Entscheidung, in welchem Güterstand die Ehepartner leben, hat weitreichende Auswirkungen. Wenn es um Vermögen, Schulden, Unterhalt, Erbschaft und Versicherungen geht, sollte der Gang zu einem Fachanwalt im Vorfeld obligatorisch sein. Finanzielle Unabhängigkeit ist gerade für Geschiedene ein wichtiger Faktor geworden und wird nur sehr ungern wieder aufgegeben. Eheverträge werden in einer zweiten Ehe weit häufiger geschlossen als in der ersten. Skrupel, diese unangenehmen Dinge mit dem Partner zu besprechen, sind bedenklich, denn ein Paar sollte vertraut und vernünftig genug sein, die gemeinsame Zukunft auch mal als Worst-Case-Szenario zu zeichnen.

Thema: Gesundheit

Ja, ich will, denn die *Lebenserwartung der Männer steigt.*
Verheiratete Männer leben im Durchschnitt 2 Jahre länger als Junggesellen.
[15]

Nein, ich will lieber nicht, denn die *Lebenserwartung der Frauen sinkt.*
Verheiratete Frauen leben im Durchschnitt 1,5 Jahre kürzer als Junggesellinnen.
[15]

Ja, ich will, denn so bekomme ich ein *starkes Immunsystem.*
In einer stabilen Ehe sind die Partner belastbarer, besser vor Infekten geschützt und die Wundheilung verläuft deutlich schneller. [16]

Ja, ich will, denn eine *glückliche Ehe stärkt die Psyche.*
Verheiratete haben ein geringeres Risiko, unter Depressionen, Angstzuständen oder Suchtkrankheiten zu leiden. Insbesondere Frauen, die in zweiter (!) Ehe leben, sind psychisch gesünder. [18]

Ja, ich will, denn *Männer schlafen im Ehebett besser.*
Männer wachen seltener nachts auf, fühlen sich ausgeruhter und munterer, wenn ihre Frau neben ihnen liegt. [21]

Nein, ich will lieber nicht, denn *Verheiratete nehmen stärker zu.*
Neu verheiratete Männer und Frauen legen statistisch gesehen deutlich mehr Gewicht zu als unverheiratete Paare oder Singles. [17]

Nein, ich will lieber nicht, denn eine *unglückliche Ehe schadet dem Herzen.*
Konfliktreiche Beziehungen erhöhen auf lange Sicht das Risiko, eine Herzerkrankung zu erleiden [19], um 34 %, zudem sind bei unglücklich Verheirateten die Blutdruckwerte häufiger im pathologischen Bereich [20].

Nein, ich will lieber nicht, denn *Frauen schlafen im Ehebett schlechter.*
Frauen fühlen sich durch den Ehemann auf dem Nachbarkissen häufig in ihrem Schlafrhythmus gestört. [21]

Des einen Freud, des anderen Leid: In den Statistiken zu Gesundheitsfragen wird deutlich, dass es Frauen und Männern nicht immer gleich gut geht. Meistens profitiert der Mann von einer festen Beziehung, während die Frau darunter leidet. Doch immerhin spaltet eine Untersuchung die Daten noch einmal auf in erste und zweite Ehe – und siehe da: Im zweiten Versuch verbessert sich das Wohlbefinden der Frau. Zurückzuführen ist dies wohl auf die Tatsache, dass sich die bereits einmal geschiedenen Frauen nicht mehr so stark an die traditionelle Rollenverteilung gebunden fühlen und sich weniger für Mann und Familie aufopfern.

Thema: Sex

Ja, ich will, denn die *Orgasmusfähigkeit bei Frauen steigt.*
Frauen, die in einer festen und liebevollen Beziehung leben, haben weniger Schwierigkeiten, einen Orgasmus zu erleben, als frisch verliebte Geschlechtsgenossinnen. [22]

Nein, ich will lieber nicht, denn die *weibliche Libido nimmt ab.*
Je länger die Beziehung besteht, desto seltener haben Frauen Lust auf Sex mit ihrem festen Partner – dies ist übrigens unabhängig vom Alter –, hingegen nimmt das Zärtlichkeitsbedürfnis zu. [23]

Ja, ich will, denn das *sexuelle Interesse des Mannes bleibt.*
Bei bis zu 80 % der Männer nimmt das sexuelle Interesse an der eigenen Frau auch nach längerer Bezie-

Nein, ich will lieber nicht, denn *30 % der Männer sind untreu.*
Und sie kommen damit auch oft genug durch, denn nur 41 % der Frauen misstrauen ihrem untreuen

hungsdauer nicht erheblich ab (abgesehen von der alters- und hormonbedingten Lustverringerung).[23]

Ja, ich will, denn *feste Paare haben öfter Sex.*
Ein sechzigjähriger Mensch in fester Beziehung hat statistisch gesehen häufiger sexuellen Kontakt als ein halb so alter Single. [25] Und je mehr Orgasmen man im Leben hatte, desto älter wird man. [26]

Mann. Umgekehrt ist das anders: 20 % der Frauen sind untreu und nur jeder vierte Partner hat davon keinen Schimmer. [24]

Nein, ich will lieber nicht, denn *die Lust ist auf dem absteigenden Ast.*
Sex ist überall Thema, Tabus gibt es so gut wie keine mehr – und das kann der Ehe schaden. Durch die Reizüberflutung in den Medien sinkt die Lust auf »ganz normalen« Sex. Anhaltende Probleme im Bett wären jedoch für 59 % der Frauen ein Trennungsgrund. [27]

Dass der Sex nie mehr so leidenschaftlich und häufig ist wie in der Anfangszeit, diese Tatsache ist wohl jedem geläufig. Ebenso wird kaum ein Mensch ernsthaft behaupten, dass man an der Häufigkeit des ehelichen Verkehrs die Qualität der Partnerschaft ablesen kann. Doch dummerweise suggerieren die Medien, dass es zwischen Mann und Frau immer hoch hergehen muss, wenn man nicht langweilig sein will. Dadurch wird ein enormer Leistungsdruck erzeugt, dem sich leider nicht jeder entziehen kann, insbesondere dann nicht, wenn sexuelle Probleme in der ersten Ehe ein Trennungsgrund gewesen sind.

Gott sei Dank sind die Menschen nie grundsätzlich untreu oder frigide und es besteht immer die Möglichkeit, dass ein eingeschlafenes Liebesleben wieder in neuer Frische erwacht, wenn man es nur mal ein wenig zur Ruhe kommen lässt.

Thema: Zukunft

Ja, ich will, denn die *Ehe liegt im Trend.*
Drei Viertel der Jugendlichen sagen, dass Ehe und Familie zum Lebensglück gehören [28], und Wissenschaftler sagen ein Comeback der ernst genommenen Ehe voraus. [29]

Nein, ich will lieber nicht, denn *Ehe und Emanzipation funktioniert nicht.*
Ehen, in denen die Frau einen Hochschulabschluss hat oder vollzeiterwerbstätig ist, unterliegen einem höheren Scheidungsrisiko als Ehen mit der konservativen Hausfrauen-Rollenverteilung. [30]

Ja, ich will, denn *Ehen halten länger als »wilde Ehen«.*
20 % der nichtehelichen Verbindungen sind nach zwei Jahren wieder gelöst, nach sechs Jahren hat sich die Hälfte getrennt – dagegen wird »nur« jede dritte Ehe geschieden. [31]

Nein, ich will lieber nicht, denn *die zweite Ehe wird häufiger geschieden.*
Wenn einer oder beide Partner schon einmal verheiratet waren, birgt das ein fast doppelt so hohes Scheidungsrisiko wie bei einer Ehe, die für beide die erste ist. [14]

Klar, wissenschaftliche Ergebnisse sollten auf keinen Fall Grundlage für eine Entscheidung sein. Und einige Nachteile (Frauen, die arbeiten gehen, lassen sich öfter scheiden) werden durch einen Vorteil (Frauen, die sich nicht nur für

die Familie aufopfern, werden seltener depressiv) aufgewogen. Ob eine Ehe gelingt oder nicht ist ohnehin keine
Rechenaufgabe, sondern einen wohlüberlegten Versuch
wert.

Teil 2
Was Sie hinter sich lassen

»Verliebt verloren verbrannt
gelacht geweint und weg gerannt
und dann im Regen stehen
das Herz in der Hand
Nie wieder! Nie wieder! Nie wieder!
Bis zum nächsten Mal ...«
(Ulla Meinecke: »Nie wieder«)

Die Rückspiegel hängen nicht zum Spaß im Auto.

Denn wenn man sicher vorwärts kommen will, muss man den Blick auch ab und zu nach hinten richten. Sonst rammt man beim Einparken gegen alle Ecken und Kanten oder wird auf der Überholspur von einem schneller fahrenden Auto recht unsanft angeschubst. Um diesen Blick in den Rückspiegel geht es im zweiten Teil.

Was liegt hinter mir?

Meine Kindheit, meine Jugend, meine Ausbildung, meine frühen Schritte als Erwachsener – und nicht zuletzt meine erste Ehe. Oft bin ich erstaunt, wie viel Einfluss diese eigentlich doch abgeschlossene Geschichte auf mein jetziges Leben nimmt. Nicht nur, wenn langwierige Auseinandersetzungen in Form von Anwaltsschreiben oder Gerichtsterminen ab und zu in meinem Briefkasten landen. Sondern auch, wenn Erinnerungen sich aus dem Langzeitgedächtnis hervortrauen. Damals, als ich mir eingestehen musste, dass meine Ehe am Ende ist – ich kann die Verzweiflung noch immer spüren. Oder, weiter zurück, die Geburten meiner Töchter, als die intimsten, glücklichsten und zweisamsten Momente in meinem Leben, die ich mit meinem damaligen Mann geteilt habe – an jedem Kindergeburtstag sind sie wieder gegenwärtig. Manchmal treffe ich auch alte Bekannte, denen ich seit der einschneidenden Trennung nicht mehr begegnet bin, vor kurzem zum Beispiel unserem Trauzeugen. Dann habe ich das Bedürfnis, die ganze Geschichte erzählen, erklären, entschuldigen zu müssen – und meistens gelingt mir das nicht besonders gut.

Meine erste Ehe und die damit zusammenhängende Scheidung sind auch nicht selten Gesprächsthema zwischen mir und meinem jetzigen Mann. Dann liegt mein Ex mal wieder bei uns in der Besucherritze, so scherze ich über diese Situation hinweg. Lustig ist es trotzdem nicht.

Überhaupt immer diese Gefühle: Wut und Genervtheit sind ja noch in Ordnung, ein bisschen Wehmut, weil man keine heile Familie mehr ist, erlaube ich mir auch mal zwischendurch. Aber was soll eigentlich diese Trauer, die mir zwar immer seltener, aber doch nachdrücklich das Herz schwer macht? Die Verlockung wäre groß, einfach alles hinter sich zu lassen und nicht mehr darüber nachdenken zu müssen. Schließlich ist jetzt alles viel besser! Warum nicht einfach Gas geben und schnell auf und davon?

Weil es nicht geht! Der Blick in den Rückspiegel zeigt mir, dass mir da noch einige Sachen auf den Fersen sind. Also ziehe ich die Bremse, fahre einen Augenblick rechts ran und lasse die Dinge auf mich zukommen, damit ich sie anschließend getrost hinter mir lassen kann. Eine kurze Pause nur am Rand des Lebensweges. Und dann geht es endlich richtig los.

Insa & Tim
und die Vergangenheit

Insa ist lange Zeit sprachlos.

Zum Glück drängt Tim nicht auf eine Antwort und lässt das »gefährliche« Kästchen zwischen Vorspeise und Hauptgang ganz unauffällig vom Tisch verschwinden. Der Champagner wirkt ab dem Moment natürlich etwas deplatziert und das Gespräch kommt anders als sonst nur schleppend in Gang. Wie war dein Tag? Danke, nichts besonderes. Schmeckt es dir? Oh ja, köstlich.

Abends im Bett ist für Insa an Einschlafen nicht zu denken. Sie grübelt über das, was früher war, das, was kommen mag, und ihr Kissen ist entsprechend zerwühlt. Was Tim nicht entgeht:

Tim: Schleppst du noch etwas mit dir herum?

Insa: Ich dachte ja, dass ich längst drüber weg bin und es hat nichts mit dir zu tun, zumindest nicht direkt, du machst im Grunde alles richtig. Ich bin mir auch sicher, dass es mit uns beiden klappen kann …

Tim: Aber?

Insa: Damals, als ich Oliver geheiratet habe, war ich mir ebenso sicher. Warum hätte ich ihn sonst geheiratet? Und dann haben wir es eben nicht geschafft.

Tim: Ich weiß, was du meinst. Aber mal ehrlich, was hat das mit uns zu tun?

Insa: Setzt es dir denn nicht zu, dass deine erste Ehe gescheitert ist?

Tim: Doch, klar. Manchmal denke ich daran, was ich für einen Bockmist gebaut habe, den Sabine mir zu Recht oder Unrecht an den Kopf wirft, und dann bin ich auch oft genug wütend, wenn ich Felix wieder mal nicht zu sehen bekomme, immerhin ist er mein Sohn. Aber genau das spornt mich an, es mit dir anders und besser hinzukriegen.

Insa: Wir werden wahrscheinlich nicht dieselben Fehler begehen – und gerade das jagt mir besonders viel Angst ein. Dass auch bei uns Schwierigkeiten auftauchen, von denen wir heute nichts ahnen. Dann werfen wir das Handtuch, weil wir es ja schon mal getan haben, und dann …

Haarscharf sind sie in dieser Nacht an einem Streit vorbeigeschrammt, einem Streit über die Möglichkeit eines Streits. Insa muss zugeben, das klingt ziemlich lächerlich. Und trotzdem tut es weh. Sie kann mit Tim nicht über ihre Ängste reden, ohne dass er sich angegriffen fühlt. Und dabei geht es um etwas ganz anderes. Ihn anzugreifen wäre das Letzte, was ihr in den Sinn käme. Genau das Gegenteil ist der Fall: Sie will ihm nicht weh tun müssen, jetzt oder irgendwann einmal, so wie sie ihrem ersten Mann weh getan hat, als sie ihn verließ. Das würde sie Tim gern verständlich machen. Und er stellt auf stur.

3. Die Vergangenheit: Warum haben wir es nicht geschafft?

Es gibt nie nur einen Grund, genauso wie es keinen einen Schuldigen gibt.

Eine Trennung ist viel zu komplex und zu schmerzhaft, als dass man ganz banal und mit einem Satz erklären könnte, wie es dazu kam. Und oft ist der Grund, den man sich in der akuten Trennungsphase zurechtgebastelt hat, ein ganz anderer als der, den man dann mit nötigem Abstand erkennt.

Oft handelt es sich um ein Zusammenspiel von Ursache und Wirkung. Wer seine Liebe am Ende glaubt, ist anfälliger für einen Seitensprung – umgekehrt löst ein Seitensprung einen Streit aus, der zum Ende der Liebe führt. Sprachlosigkeit zwischen den Partnern zerstört die Intimität – im Umkehrschluss führen sexuelle Probleme zu einer verkrampften Kommunikation. Eheprobleme lösen oft eine Kettenreaktion aus und man erkennt irgendwann gar nicht mehr, womit das Ganze eigentlich angefangen hat.

Ob man die Schwierigkeiten überwinden kann, liegt daran, ob es noch genügend verbindende Elemente gibt, für die ein Weitermachen sich lohnt. Nicht einmal körperliche oder psychische Gewalt führt zwangsläufig dazu, dass der Geschädigte sich trennen will, denn es kostet viel Kraft, sich aus einer auf Dominanz gegründeten Beziehung zu lösen. Vielleicht braucht man erst eine neue Liebe oder –

als anderes Extrem – eine einschneidende Katastrophe, damit man eine endgültige Entscheidung zu seinen eigenen Gunsten treffen kann.

Wie wichtig ist es, die tatsächlichen Trennungsgründe aus dem Wust von Vorwürfen und Schuldeingeständnissen herauszusortieren? Die sogenannte Schuldfrage im Scheidungsverfahren gibt es schon seit 1977 nicht mehr und letzten Endes ist es müßig, wer von beiden denn nun damals den größeren Anteil am Scheitern der Beziehung gehabt hat. Was soll das schon bringen? Ist doch sowieso alles aus und vorbei, könnte man denken.

Das Prinzip, den Dingen noch einmal mit Abstand auf den Grund zu gehen, muss aber gar nicht nur der Vergangenheitsbewältigung dienen, sondern vielmehr der Vorbereitung auf die Zukunft. Man sollte ein Stück weit verstehen, warum man schon einmal verlassen wurde oder verlassen hat, betroffen war von Vertrauensbruch, Missachtung, Sprachlosigkeit und Entfremdung. Warum hat man sich jahrelang dem Willen des anderen unterworfen – oder umgekehrt, warum hat man sich niemals ernsthafte Gedanken gemacht, ob der andere glücklich ist? Woran hat es gemangelt? Wovon gab es zu viel? Es muss nicht zwangsläufig so sein, dass man dazu neigt, immer wieder bestimmte Fehler zu begehen. Besonders wenn man sich das eigene Verhalten bewusst macht, hat man die Möglichkeit, es beim nächsten Mal besser zu machen.

Die 10 häufigsten Trennungsgründe [32] – was dahinter steckt und wie man sich davor schützen kann

Platz 1: *Wir haben uns auseinandergelebt (37 %)*
  Was heißt das?
»Auseinanderleben« ist ein Sammelbegriff, der dennoch den Kern der Sache trifft: Das Leben hat Entwicklungen mit sich gebracht, die man so nicht voraussehen konnte und die zwei Menschen, die vormals sehr gut zueinander gepasst haben, zu Fremden werden lässt.
  Woran liegt das?
Vielleicht hat man sich zu früh gebunden, vielleicht hat man es auch versäumt, sich für die neuen Wege des Partners zu interessieren, oder wollte den anderen nicht an der eigenen Veränderung teilhaben lassen. Es hat jedoch nichts damit zu tun, wie viel Zeit man miteinander verbringt. Viele Paare, die eine lange und glückliche Ehe führen, tun dies gerade, weil sie nicht permanent aufeinandergehockt haben, sondern recht unabhängig ihrem täglichen Tun nachgehen. Doch sie erhalten sich ein echtes Interesse am anderen, nehmen an seinen guten und schlechten Erlebnissen teil und wissen, was in ihm vorgeht.
  Was kann man dagegen tun?
Planerisch gegen diese Gefahr vorzugehen ist sinnlos, da man nicht beeinflussen kann, welchen Entwicklungen man als Paar ausgesetzt ist. Wenn man erkennt, dass es einen langweilt, was der andere zu berichten hat, oder man selbst bei seinen Erzählungen andauernd auf Desinteresse stößt, ist noch meistens genug Zeit. Man lebt sich schließlich nicht von einem Tag auf den anderen auseinander. Wichtig ist, dass man Veränderungen gegenüber aufgeschlossen ist, sie als willkommene Herausforderung und auch wichtige Abwechslung betrachtet – und nicht als Gefahr.

Platz 2: *Wir waren zu unterschiedlich (30 %)*
Was heißt das?

Unterschiedlichkeit ist generell zunächst kein Grund, sich zu trennen. Brenzlig wird es nur, wenn diese Unterschiede schon im Alltag zu belastenden Konflikten führen, wenn einer beispielsweise gern viele Menschen um sich herum hat und der andere die ruhige Zweisamkeit liebt.

Woran liegt das?

In der Verliebtheitsphase findet man die Andersartigkeit des Partners reizvoll oder sieht darüber hinweg. Danach fällt es dann doch irgendwann unangenehm auf – und sobald man merkt, dass der andere sich nicht ändern lässt, wird es zum Störfaktor.

Was kann man dagegen tun?

Paare, die zuvor schon eine Weile zusammengelebt haben, wissen besser, ob ihre Eigenarten auf lange Sicht kompatibel sind. Vielleicht findet man auch einen Weg, die Unterschiede bestehen zu lassen, ohne dass sie stets zu Streit führen. Wenn der eine seinem Wunsch nach einem großen Freundeskreis nachgeht, der andere aber ohne weiteres für sich allein bleiben darf, kann es funktionieren. Nur muss man aufpassen, dass dabei die Nähe zueinander bestehen bleibt, dass man trotzdem am Leben des anderen teilnimmt und nicht beginnt, in Parallelwelten zu existieren, sonst kommt der Trennungsgrund Nr. 1 – das Auseinanderleben – ins Spiel. Kompromissbereitschaft und Vertrauen sind hier gefragt, dann kann es sogar passieren, dass man von der Andersartigkeit des Partners profitiert.

Platz 3: *Geben und Nehmen waren nicht ausgeglichen (26 %)*
Was heißt das?

Die Liebe ist keine Waage, auf der permanent Ausgeglichenheit herrschen muss. Doch wenn es einem von beiden immer schlechter geht, er sich kraftlos, ausgenutzt und verkümmert fühlt, der andere hingegen prima mit der Situation zurechtkommt, dann gerät die Beziehung in eine gefährliche Schieflage.

Woran liegt das?

Es liegt in der Natur der Sache, dass ein eventueller Missstand nur von demjenigen als negativ wahrgenommen wird, der »draufzahlt«. Das Gefühl, ausgenutzt zu werden, schleicht sich unauffällig ein, zuvor war das Geben nämlich meist freiwillig und wurde als Liebesgabe verstanden. Eine entsprechende Gegenleistung, und sei es nur ein Dankeschön, bleibt irgendwann aus oder nutzt sich ab, das erzeugt ein Gefühl von Ungerechtigkeit, während der andere noch immer meint, alles sei in bester Ordnung.

Was kann man dagegen tun?

Das Problem liegt erst einmal nicht bei demjenigen, der als Nutznießer wahrgenommen wird, sondern bei dem, der beginnt, sich darüber zu ärgern, dass die eigenen Bedürfnisse auf der Strecke bleiben. Oft steckt ein übertriebenes Idealbild dahinter, wenn jemand sehr viel in die Beziehung investiert und alles für das gemeinsame Glück tut. Ein – im Prinzip völlig normaler – Interessenkonflikt wird umgangen, indem man die eigenen Wünsche um des lieben Friedens willen zurücksteckt. Wenn dann doch einmal der Haussegen schiefhängt, wird die Schuld meist bei sich selbst gesucht, man hat sich nicht genug Mühe gegeben, war vielleicht zu forsch oder egoistisch. Dem Partner muss dies alles gar nicht bewusst sein, er denkt womöglich die ganze Zeit, alles sei in bester Ordnung.

Deshalb sollte man sich von übertriebenem Harmoniedenken verabschieden und seine Wünsche von Anfang an in die Beziehung einbringen. Meist handelt es sich zu Beginn nur um Kleinigkeiten, die vergleichsweise winzige Diskussionen nach sich ziehen – doch dann sind die Fronten geklärt. Beispielsweise wird die Aufteilung der Hausarbeit bei einem Neustart in die Beziehung nicht mehr sein als eine organisatorische Frage. Wenn die Frau jedoch erst einmal regelmäßig die Wäsche, den Einkauf, das Kochen und Putzen übernommen hat, weil es ihr ja nichts ausmacht, leichter fällt und sie weiß, wie ungern der Mann diese Dinge erledigt, wird es schwer, diese ungleiche Verteilung neu zu gestalten. Der Mann kann es eventuell als Beschneidung seiner freien Zeit ansehen und sich erst einmal dagegen wehren. Je länger diese wichtige Klärung jedoch nach hinten verschoben wird, desto höher laufen die »Schulden« auf, desto größer ist die Sache, um die es im Streit zu gehen hat.

Platz 4: *Wir hatten unterschiedliche Bedürfnisse nach Nähe und Freiraum (26 %)*

Was heißt das?

Sollten beide gleichermaßen anhänglich oder kontaktscheu sein, ist die Sache kein Problem, doch wenn in der Frage der Beziehungsgestaltung ein großes Gefälle herrscht, lässt sich der Alltag als Paar nur schwer arrangieren. Insbesondere der mit dem größeren Nähebedürfnis fühlt sich gekränkt, sollte er auf eine ablehnende Haltung stoßen. Umgekehrt raubt es einem distanzierteren Menschen den letzten Nerv, wenn der Partner ständig an ihm klebt.

Woran liegt das?

Das Paar will sich miteinander verbunden wissen, aber nicht gefesselt sein. Doch die Definition, welches Band zu lang oder zu kurz ist, basiert auf rein subjektivem Empfinden und hat viel mit Vertrauen, Selbstbewusstsein und den bisherigen Beziehungserfahrungen zu tun. Kommt es zu einem Missverhältnis, liegt meist eine grundsätzlich unterschiedliche Einstellung vor: der eine will mit dem Partner eine Einheit bilden, während der andere die Ehe als Zusammengehören zweier Individuen versteht. Und so wird ein und dasselbe Verhalten – z. B. will einer von beiden mit dem besten Freund, der besten Freundin in den Urlaub fahren – verschieden gewertet. Will er das, weil er nicht gern mit mir zusammen ist und woanders seinen Spaß sucht? Oder verreist er ohne mich, weil er weiß, dass es der Beziehung mal ganz gut tut, wenn auch jeder für sich neue Erfahrungen gewinnt?

Übertriebenes Misstrauen, Bemutterung oder Eifersucht sind Auswüchse des übersteigerten Nähebedürfnisses. Man erhebt einen Anspruch auf den anderen und kann es nicht verstehen, wenn dieser nicht über sich verfügen lassen will. Wer sich jedoch sehr verschlossen gibt, Intimität und Vertrautheit grundsätzlich misstraut und ihnen aus dem Weg geht, wird sich natürlich auch den Vorwürfen seines Partner ausgesetzt sehen. Zu Recht, in einer Liebesbeziehung sollte man sich eine gewisse Nähe zugestehen können, ansonsten fehlt ein wesentlicher Teil, auf den man nur schwer verzichten kann.

Was kann man dagegen tun?

Die Sucht nach Nähe sowie die Abneigung dagegen sind in ihren extremen Erscheinungsformen ein Grund, sich psychologischen Rat zu suchen, denn beides ist Gift für eine Liebesbeziehung. Doch meistens weiß man selbst, dass man ein wenig in die eine Richtung tendiert, dass man manchmal zum Klammern oder zum Davonrennen neigt. Beide Formen haben im Grunde nichts mit dem Partner zu tun, sie treten unabhängig von ihm zutage und liegen in jedem selbst begründet. Dieser Sache sollte man auf den Grund gehen: Warum will ich meinen Partner dermaßen vereinnahmen? Weshalb fällt es mir so schwer, jemanden an mich heranzulassen?

Schon wenn man über diese Konstellation spricht – und zwar nicht, wenn gerade ein Streit zu diesem Thema entflammt ist, sondern in einer ruhigen und friedlichen Minute –, kann man Regeln und Zeichen vereinbaren, die dann im akuten Fall gegenseitig respektiert werden. So weiß man, der Partner rückt gerade heran, nicht weil er misstrauisch ist oder den anderen festnageln will, sondern weil er sich gerade einsam fühlt. Dann fällt es viel leichter, die Nähe zuzulassen. Im umgekehrten Fall muss man es nicht auf sich beziehen, wenn der Partner lieber allein sein möchte, es ist keine Ablehnung, sondern sein gutes Recht auf Eigenständigkeit. Wer die Bedürfnisse des anderen anerkennt und richtig deutet, wird sie gern zugestehen – und kann sich selbst in seiner Eigenart angenommen wissen.

Platz 5: *Wir konnten nicht miteinander reden (23 %)*
Was heißt das?
»Das habe ich dir doch schon tausend Mal gesagt. Nie hörst du zu!« oder »Das hättest du mir eher sagen sollen!« oder eben einfach nur eiserne Funkstille – dies alles kann einen quälenden Zustand ausmachen. Worte werden zu Waffen, Sätze im Munde herumgedreht und Schweigen ist das Todesurteil.
Woher kommt das?
Nicht nur Sprach-, sondern auch Gehörlosigkeit sind schuld daran, wenn die Kommunikation zwischen zwei Menschen nicht mehr funktioniert. Einer hat etwas Wichtiges zu sagen und der andere hört nicht zu, weil er gerade nicht in der Stimmung, desinteressiert oder auf der Hut ist. Auf der Hut wovor? Dass man nicht miteinander reden kann beginnt nicht selten mit der Unfähigkeit zu streiten. Gespräche bedeuten Gefahr, denn meistens kommt man auf unangenehme Themen und hinterher geht es einem

schlecht. Besser also, man beschränkt sich auf Banalitäten. Und irgendwann verlernt man es, sich mit dem Partner zu unterhalten, auf ihn einzugehen, die Dinge zwischen den Zeilen wahrzunehmen. Dann wird ein Gespräch mühselig und wenig erstrebenswert.

Was kann man dagegen tun?

In der Anfangszeit entwickeln Paare so etwas wie eine Geheimsprache. Begriffe, die für beide eine ganz eigene, intime Bedeutung haben, wirken wie Codewörter. Man ist geradezu süchtig danach, mit dem anderen zu kommunizieren, stundenlange Telefonate, SMS-Fluten oder durchquatschte Nächte, es gibt so wahnsinnig viel Interessantes, was man dem anderen erzählen oder von ihm in Erfahrung bringen kann. Man versteht sich blind, solange die Gefühle es einem leicht machen, sich auf den anderen ganz und gar einzulassen. Doch wenn der Alltag seinen Tribut fordert und die Gespräche sich auch um Dinge wie Lohnsteuererklärungen oder die Einkaufsliste drehen, geht der Zauber verloren.

Paare tun aber gut daran, im Gespräch zu bleiben. Wenn man immer auf dem Laufenden bleibt und weiß, was den anderen bewegt, gerät man nicht in Gefahr, sich auseinanderzuleben.

Doch nicht jedes Paar, das darunter leidet, nicht miteinander reden zu können, ist zwangsläufig im Schweigen gefangen. Gerade wenn man viel miteinander zu tun hat, zum Beispiel gemeinsam eine Firma hat und sich den ganzen Tag über den Weg läuft, besteht die Gefahr, nicht mehr wirklich miteinander zu reden. Die Kommunikation hat eine funktionale Bedeutung bekommen und Streit kann man zudem nicht so gut gebrauchen, deswegen werden unangenehme Themen ausgeklammert oder nur oberflächlich besprochen. Wenn die Fetzen doch mal fliegen, ist oft einer dem anderen verbal überlegen oder schafft es, mit Worten zu verletzen. Das macht man nur ein paarmal mit, danach lässt man diese destruktiven Diskussionen lieber bleiben. Wer aber den Konflikt im Gespräch scheut, der verschenkt einen wesentlichen Faktor des Austausches.

Deswegen sollte ein Paar von Anfang an ein faires und konstruktives Streiten üben, damit keiner die Lust oder den Mut verliert, wirklich zu reden und zuzuhören.

Platz 6: *Einer von uns ist fremdgegangen (21 %)*
   Was heißt das?
Wo das Fremdgehen anfängt, dafür gibt es keinen gültigen Wert. Ob es ums Küssen geht, um intime Umarmungen oder Sex, ob es sich dabei um einen einmaligen Ausrutscher oder eine längere Affäre handelt, mit oder ohne Gefühl – das alles ist nicht relevant. Fremdgehen fängt da an, wo der Partner sich betrogen fühlt. Wo das Vertrauen verletzt wurde und der Wunsch nach exklusiver Intimität außer acht gelassen wurde. Dass ein Seitensprung das Beziehungsaus bedeuten muss, liegt nicht immer in der Hand des Betrogenen, der damit nicht zurechtkommt. Oft ist es auch für den, der einen außerehelichen Kontakt eingegangen ist, ein Zeichen, dass etwas in der Beziehung grundlegend schiefläuft – und er trennt sich.
   Woher kommt das?
Fremdgehen aus Versehen gibt es nicht. Jeder, der in einer festen Beziehung lebt, kennt die Grenzen. Auch wenn im entsprechenden Augenblick alle Glühbirnen durchbrennen und man die Folgen der Geschichte verdrängt, es ist jedem klar, was er riskiert, wenn er den Partner betrügt. Treue stellt in einer glücklichen Beziehung keine Schwierigkeit dar. Wird man untreu, steckt immer ein Mangel dahinter, irgendetwas fehlt, darum nimmt man dieses Risiko auf sich.

76

Mangelndes Selbstbewusstsein, mangelnde Nähe, mangelnde Bestätigung, mangelnde Abwechslung, mangelnde Gefühle ... Natürlich bedeutet das nicht, dass der Betrogene schuld daran ist. Denn der Mangel kann auch »selbstgemacht« sein.

Manchmal hat man ein schlechtes Gewissen, manchmal nicht. Praktisch ist es, dem Vorfall eine Bedeutungslosigkeit anzudichten. Und tatsächlich ist ja nicht der Akt des Fremdgehens der Trennungsgrund, sondern der Grad der Verletztheit des Partners. Wenn dieser mit dem Seitensprung gut umgehen kann, muss er nicht zum Trennungsgrund werden.

Was kann man dagegen tun?

Der Mangel, der einen in die Arme eines anderen manövriert, wird leider selten bewusst, schließlich passieren die wenigsten Seitensprünge geplant, sondern ergeben sich oft aus einer Situation, in der sich die Gelegenheit als günstig erweist. Und die Wenigsten fühlen sich danach so, als habe das Erlebnis sie von ihrem Unglück erlöst.

Kann man denn im Vorfeld erkennen, dass man Gefahr läuft, den Partner zu betrügen? Vielleicht sollte es ein Alarmsignal sein, wenn man auf die Suche geht nach etwas Besserem als dem, was man hat. Findet man heraus, wonach man eigentlich genau sucht, wird der wahre Grund offenbar: Ich suche jemanden, der mich richtig toll findet, weil ich mich von meinem Partner ständig kritisiert fühle. Ich möchte endlich mal wieder Schmetterlinge im Bauch und leidenschaftlichen Sex haben, denn bei mir zu Hause läuft nichts mehr in der Richtung. Es wäre schön, wenn ich mal wieder jemandem begegnen kann, der mich herausfordert, lockt, interessant für mich ist, denn mein Partner zu Hause ist mir inzwischen fast egal geworden. Hier wird deutlich: Die Ursachen für das Fremdgehen sind in den anderen Trennungsgründen versteckt: Auseinanderleben, Sprach- und Lieblosigkeit.

Was kann aber das »Opfer« tun? Der Stachel sitzt tief, wenn man hintergangen wurde, und es ist so gut wie unmöglich, die Sache nicht persönlich zu nehmen. Nur die Zeit kann ein wenig helfen. Zeit, die man nutzen sollte für gemeinsame Gespräche darüber, wie es dazu kommen konnte. Oft wird festgestellt, dass beide einen Mangel in ihrer Beziehung wahrgenommen haben. Dann heißt es »am Ball« bleiben und sich gegebenenfalls auch in einer Paartherapie helfen lassen, so kann – auch wenn das seltsam klingt – ein Seitensprung sogar die Rettung der Partnerschaft bedeuten.

Platz 7: *Unsere Sexualität ist eingeschlafen (19 %)*
  Was heißt das?

Kaum jemand wird erwarten, dass das Feuer der ersten Tage ein Leben lang anhält. Doch das andere Extrem – die Partner leben wie Geschwister nebeneinander – ist alles andere als eine passable Alternative. Idealerweise wünscht man sich ein erfülltes, regelmäßiges Sexleben. Doch über dem Wie und Wie oft scheiden sich die Geister. Was für den einen absolut befriedigend ist, kann für den anderen schon zu viel oder zu wenig sein.

  Woher kommt das?

In puncto Sexualität sind die Menschen besonders verletzlich, denn auf dieser Ebene begegnen sie sich unmittelbar und schutzlos. Auch Paare, die im Grunde über alles reden können, tun sich schwer damit, über ihre sexuellen Wünsche, Ängste, Empfindungen und Abneigungen zu sprechen. Seltsam eigentlich, wo doch in den Medien inzwischen sämtliche Tabus gefallen sind – oder liegt es eben gerade daran? Nie gab es eine Zeit, in der Sex so sehr mit Leistungsdruck kombiniert war wie heute. Kein Magazin, kein Abendprogramm im Fernsehen, keine Werbung, in denen es nicht darum geht, was man unbedingt einmal ausprobieren sollte. Da kommt es einem schon fast peinlich vor, wenn man nicht immer und ständig ganz besondere Kunststücke im Bett vollführen will.

Dabei ist beides unangenehm zu sagen: »Ich möchte öfter Sex haben« oder »Es ist mir zu viel«. Beides wird der Partner als Kritik auffassen und sich verletzt fühlen. Wenn das Thema erst mal problembehaftet ist, wird lieber geschwiegen, und wenn erst mal geschwiegen wird, lässt man es auch besser ganz bleiben.

Was kann man dagegen tun?

Erst einmal muss das gemeinsame Sexleben befreit werden von allem, was unrealistisch und idealisierend ist. Das erotische Erleben zweier Menschen ist ohnehin immer individuell und jeder Vergleich mit dem, was andere (angeblich) so tun, hinkt. Dann könnte man gemeinsam das Ganze »entthronen«, denn sowohl Qualität wie Quantität im Bett sind lausige Indikatoren für den Wert des Liebeslebens. Sex ist nur ein Aspekt von vielen, nicht mehr und nicht weniger. Zudem durchläuft auch er verschiedene Phasen, ist mal leidenschaftlicher, mal zärtlicher, mal weniger, mal mehr – alles völlig normal! Hat man es dann endlich geschafft, der Sexualität die Pole-Position im Wettkampf der Liebe abspenstig zu machen, wird es leichter fallen, locker und unverkrampft über das Thema zu sprechen. Oder eben auch nicht darüber zu sprechen, sondern es einfach zu tun oder zu lassen.

Paare, die es geschafft haben, die schwierigen Phasen der Beziehung zu überstehen, berichten oft über das Glück der befreiten Sexualität, die losgelöst von aller überfrachteten Bedeutung endlich wohltuend reduziert wird auf die intimste aller Begegnungen zwischen zwei Menschen.

Platz 8: *Wir hatten keine gemeinsamen Ziele (17%)*
Was heißt das?

Keine gemeinsamen Ziele zu haben bedeutet, keine gemeinsame Zukunft zu sehen. Das kann daraus resultieren, dass man ohnehin keine Ziele hat, oder dass sich die Ziele der Partner widersprechen.

Woher kommt das?

Am Anfang einer Beziehung malt man sich die Zukunft oft in den buntesten Farben aus. Weltreisen, Kinder, Haus, Karriere – im Glücksrausch des Verliebtseins scheint alles möglich.

Wer heiratet, sieht diesen Akt manchmal als gewaltigen Schritt vorwärts, jetzt geht es richtig los mit dem Leben, jetzt werden die Voraussetzungen für ein glückliches Dasein geschaffen. Oft geht es dann sehr schnell, keine fünf Jahre später lebt man mit den beiden gemeinsamen Kindern im Eigenheim. Und plötzlich erkennt man, wie unglücklich es machen kann, am Ziel angekommen zu sein. Schließlich liegt noch so ein elend langes Leben vor einem. Schnell müssen neue Pläne her, es muss weitergehen, denn für Stillstand ist es einfach noch zu früh. Von da ab wird es gefährlich. Auf die ersten Ziele konnte man sich schnell einigen, aber die neuen werden zum Problem. Dem einen ist die berufliche Weiterentwicklung wichtig, der andere sucht seine Erfüllung eher in der persönlichen Veränderung. Entfremdung setzt ein, Desinteresse, Aggressionen gegenüber dem Partner, der nicht erkennen will, dass er auf dem Holzweg ist.

Was kann man dagegen tun?

Die ganz wichtigen Fragen des Lebens sollte man natürlich klären, bevor man heiratet. Beispielsweise, ob man Kinder bekommen möchte und kann, denn hier wird es schwierig, Kompromisse zu schließen, die für beide lebbar sind. Ansonsten behauptet niemand, dass alle Ziele eines Paares immer dieselben sein müssen. Wenn jeder für sich wichtige Pläne im Auge hat, ist es eher eine Frage der Organisation, damit man beide unter einen Hut bekommt. Schwer wird es nur, wenn man Veränderungen und Eigenständigkeit als gefährlich ansieht. Mit dieser Einstellung wird man auf lange Sicht kein Glück haben. Wer eine Zukunft haben will, muss zulassen, dass die Gegenwart sich ändert, vielleicht sogar neugierig sein auf das, was kommt.

Platz 9: *Es fehlte die gegenseitige Unterstützung (16 %)*
  Was heißt das?
Dieser Grund ist eng verbunden mit dem Problem der verschiedenen Ziele, der mangelnden Kommunikation und der empfundenen Ungerechtigkeit. Statt sich zu unterstützen, ist man einander egal oder macht es sich gegenseitig schwer. Neid und Misstrauen sind gegenwärtiger als Anteilnahme und Zuspruch. Die Beziehung zieht einen runter, obwohl sie einem doch Flügel verleihen sollte.
  Woher kommt das?
Irgendwann muss die Sache gekippt sein und aus dem Miteinander ist ein Nebeneinander oder sogar Gegeneinander geworden. Es kostet richtig Mühe, dem anderen einen Gefallen zu tun, und man beginnt zu rechnen, ob sich der Aufwand überhaupt lohnt, schließlich hat man nichts davon und der andere macht es einem auch nicht gerade leicht mit diesen ewigen Vorwürfen.

Die Schraube der Missgunst dreht sich schnell enger und es wird immer schwerer, den Absprung zu schaffen, denn man hat das Gefühl, blöd dazustehen.

Wahrscheinlich resultiert eine solche Negativentwicklung aus einer oder mehreren unguten Erfahrungen, die gar nicht unbedingt innerhalb dieser Beziehung gemacht worden sein müssen. Irgendwann einmal wurde man im Stich gelassen oder ausgenutzt, war voller guter Vorsätze und ist derb auf die Nase gefallen. Und so etwas will man auf keinen Fall noch einmal erleben, also passt man gut auf, den anderen bloß nicht zu viel zu stützen, es ihm nicht zu einfach zu machen, wer weiß, was sonst passiert.

Zudem neigt nicht jeder dazu, klar zu formulieren, wenn er Hilfe und Unterstützung braucht, entweder in Erwartung, der Partner werde von selbst darauf kommen, oder aus Angst, einen Korb zu bekommen.

Was kann man dagegen tun?

Im partnerschaftlichen Zusammenleben gehört es dazu, dass man sich gegenseitig stützt. Dies sollte auch weder Mühe noch Überwindung kosten. Wenn es sich anders verhält, ist das ein Alarmzeichen, dass etwas nicht stimmt. Dem Grund sollte man schleunigst auf die Schliche kommen.

Nicht jeder Wunsch des anderen ist einem Befehl und manchmal gibt es eben Dinge, die man einfach nicht unterstützen will, weil man nichts davon hält. Doch darüber muss ein offenes und klares Gespräch geführt werden, damit der Partner versteht, warum er sich in dieser Angelegenheit nicht auf den anderen verlassen kann.

Einen großen Vorteil hat es jedoch, wenn man sich gegenseitig zur Seite steht: Schwierigkeiten und Herausforderungen sind zu zweit besser zu bewältigen. Und ein zufriedener Partner ist ein wesentlich umgänglicherer Zeitgenosse, der auch sicher parat steht, wenn man selbst mal dringend eine helfende Hand oder ein offenes Ohr braucht. Genau darin besteht ja der Wert einer Partnerschaft, dass man voneinander profitiert, sobald man es schafft, die unsäglichen Machtspielchen bleiben zu lassen.

Platz 10: *Einer von uns hat sich in jemand anderen verliebt* *(15 %)*

Was heißt das?

Sich in jemand anderen zu verlieben ist noch kein Fremdgehen, es geht tiefer – und gefährdet die bestehende Beziehung wahrscheinlich mehr, auch wenn ein Seitensprung vielleicht erst einmal als gravierender empfunden wird. Wer verliebt ist, kann das auch heimlich sein, unerfüllt, sehnsuchtsvoll. Und selbst wenn das Objekt der Begierde noch nicht einmal einen Hauch einer Ahnung hat, ist der Fremdverliebte auf seine Art untreu.

Woher kommt das?

Wahrscheinlich ist so ziemlich jeder in einer Beziehung mal ein bisschen für jemand anderen entflammt. Schwärmerei bis hin zur außerehelichen Affäre kommt häufiger vor, als man denkt. Ähnlich wie beim Fremdgehen resultiert dieses Gefühl wahrscheinlich aus einem Mangel. Der Partner muss noch nicht einmal etwas Schlimmes verbrochen haben, weswegen das Herz plötzlich auf Wanderschaft geht, so etwas passiert leider ungefragt, wenn auch nicht ganz ohne Vorahnung. Eintönigkeit und eine Beziehung, die inzwischen mehr auf Freundschaft als auf Liebe zu basieren scheint, sind der Nährboden für ein unverhofft aufkeimendes Gefühl. Verlieben ist unwillkürlich, man kann sich blöderweise nicht dagegen entscheiden und die Vernunft steht auf verlorenem Posten.

Zudem – sind Gefühle im Spiel, fällt es sehr schwer, sich nichts anmerken zu lassen. Der Chemiecocktail macht einen benommen, man ist mit Herz und Hirn ganz woanders, verzettelt sich, kann nicht schlafen und essen. Und einige Dinge – zum Beispiel die körperliche Nähe zum eigentlichen Partner – kosten geradezu Überwindung, wünscht man sich doch in die Arme eines anderen.

Was kann man dagegen tun?

Gäbe es eine Pille gegen das Fremdverlieben, sie wäre wahrscheinlich in jeder Apotheke ein heimlicher Verkaufsschlager. Leider ist die Sache weitaus komplizierter. Insbesondere, wenn die neue Liebe erwidert wird, stürzt man in einen heftigen Konflikt: Soll ich für diesen Menschen alles aufgeben? Muss ich meinem Partner diesen Schmerz zufügen, nur um meine unvernünftige, verrückte Verliebtheit zu befriedigen?

Der Verzicht darauf, das Gefühl auszuleben, um die Ehe zu schützen, bedeutet eine ungeheure Aufgabe. Und dummerweise wird einem nicht mal dafür gedankt, denn natürlich hat kein Mensch eine Ahnung, was man gerade durchmacht. Da bleibt ein ziemlich großer Posten offen – und der belastet die Beziehung schwer. Rettungsversuche, die Liebe zum Partner neu aufleben zu lassen, sind anstrengend, aber nicht chancenlos. Wenn man sich erinnert, dass man in genau diesen Menschen auch schon einmal wie wahnsinnig verliebt gewesen ist, hat man auch die Energie, nach einem Überbleibsel dieses Gefühls zu suchen. Vielleicht ergibt sich die Gelegenheit an einem romantischen Wochenende, vielleicht aber auch bei einem Streitgespräch, in dem man zur Sprache bringt, was einem fehlt.

Beichtet der Partner einem hingegen, dass er sich anderweitig verliebt hat, steht man diesem Geständnis völlig hilflos gegenüber. Gekränktheit, Verzweiflung und die Hoffnung, dass alles nur eine Verirrung der Gefühle ist, wechseln sich ab. Auch wenn es schwer fällt, sind Verständnis und Geduld die einzigen Tugenden, die hier noch etwas zum Guten wenden können. Eine gemeinsame Suche nach dem, was in der Ehe verloren gegangen ist, fördert auch für den, der leidet, einige wichtige Erkenntnisse zutage.

Diese zehn häufigsten Trennungsgründe sind oft untereinander verflochten und verwoben und lassen sich genau genommen auf einen Nenner bringen: Stets geht es irgendwie darum, dass man nicht mehr wirklich aufrichtig miteinander reden kann, einander fremd geworden ist und die Partnerschaft als etwas Mangelhaftes erlebt. Dies wiederum basiert auf der enttäuschenden Erkenntnis, dass es nicht mehr ist wie am Anfang. Die meisten Ehen werden geschieden, weil sie die Veränderungen nicht verkraftet haben. Doch Veränderungen sind normal, gehören zum Dasein dazu, wer sich dagegen wehrt und sich nicht verändert, nie verändern will, läuft Gefahr, vom Leben überrollt zu werden.

Menschen, die in zweiter Ehe leben, haben einmal die Erfahrung machen müssen, dass nicht alles so bleiben muss, wie es ist. Vielleicht sind sie deshalb robuster, was die Entwicklungen in ihrer neuen Ehe angeht. Wer nicht erwartet und wünscht, dass alles immer dem Idealbild der Anfangszeit entsprechen muss, wirft in den »schlechten Tagen« auch nicht enttäuscht das Handtuch. Dabei macht es natürlich einen kleinen Unterschied, ob man in der ersten Ehe derjenige war, der die Trennung wollte, oder ob man verlassen wurde.

Wenn man verlassen wurde …

Vielleicht hat man im Vorfeld mitbekommen, dass etwas nicht stimmt, dass der Partner sich zurückgezogen hat, seltsam fremd wurde – oder auch im Gegenteil sich aufgedreht und gutgelaunt wie lange nicht mehr präsentierte. Vielleicht hat man sich da schon innerlich wappnen können. Vielleicht aber auch nicht. In jedem Fall ist der Tag, an dem man verlassen wird, ein so einschneidendes Datum, dass man versucht ist, das ganze Leben in ein Davor und Danach einzuteilen.

Wer verlassen wird, steht erst einmal unter Schock, kann nicht fassen, was da passiert und fühlt sich dem Schicksal hilflos ausgeliefert. Tatsächlich kann man die körperliche und psychische Verfassung mit der eines Junkies vergleichen, der von einem Tag auf den anderen auf Entzug gesetzt wird. In diesem Fall heißt die Droge Dopamin, ein Botenstoff, der bei Liebenden für Wohlbefinden und Glücksgefühle sorgt und bei Liebeskummer von jetzt auf gleich eingestellt wird. Stattdessen wird ein Cocktail aus verschiedenen Stresshormonen ausgeschüttet, der das Herz rasen und den Schweiß ausbrechen lässt, Schlaf- und Appetitlosigkeit verursacht und auf lange Sicht sogar das Herzinfarktrisiko erhöht. [33] Das sprichwörtlich gebrochene Herz ist also mehr als eine Metapher, der Verlassene fühlt sich, als sei das Leben zu Ende. Und der andere ist schuld daran.

Bei einer Trennung werden dieselben Trauerphasen durchlebt wie beim Tod eines nahen Angehörigen: Schock und Verdrängung – Verzweiflung und Wut – Aufgabe und Neuorientierung – Akzeptanz und Neubeginn. [34] Wie lange es dauert, bis man das Verlassenwerden verarbeitet hat, dafür gibt es keine Faustregel. Der eine kann schon nach einem Jahr wieder seiner Wege gehen, ein anderer bekommt diesen Schmerz niemals so richtig in den Griff.

Der große Unterschied zur Trauer um einen Verstorbenen ist, dass nicht das Schicksal für das Leiden verantwortlich gemacht wird, sondern der Partner, den man geliebt und dem man vertraut hat. Man kann nichts zu Grabe tragen, sondern begegnet diesem Menschen immer wieder, muss wegen der Kinder oder Scheidungsformalitäten ständig in Kontakt zu ihm treten und dabei vielleicht sogar noch miterleben, dass es ihm augenscheinlich besser geht als vor der Trennung.

Das ist ungerecht und Gefühle wie Wut und auch Hass sind in dieser Phase normal und wichtig – aber auch erschreckend. Konfrontiert mit der Gewalt der Verzweiflung lernen viele Menschen sich selbst von einer unbekannten und dunklen Seite kennen. Sie mutieren von der braven Hausfrau zum Racheengel oder vom treu sorgenden Ehegatten zum Tyrannen. Manche Tage, Wochen und mitunter Jahre drehen sich nur darum, den anderen zu bestrafen für das, was er einem angetan hat – auch wenn man es eigentlich besser weiß und lieber vernünftig und besonnen bliebe.

Das Verlassenwerden ist also nicht nur mit Schmerz und Enttäuschung verbunden, sondern auch mit der erschreckenden Erkenntnis, zu welch archaischen Gefühlen man sich hinreißen lässt.

Es kostet Zeit, Kraft und Mut, sich irgendwann einmal ernsthaft die Frage zu stellen, wie es zur Trennung kommen konnte. Den anderen als charakterlosen Egoisten oder hinterhältigen Lügner hinzustellen und die Verantwortung für das ganze Elend auf ihn zu schieben, ist auf den ersten Blick eine bequeme Lösung. Wenn man dann auch noch eifrig nach einem Nachfolger sucht, der einem die verwundete Seele streichelt, kann es passieren, dass man das einzig wirklich Positive der Trennung verpasst: Die Chance, an der Erfahrung zu wachsen. Das erreicht man nur, wenn man Rückschau hält und dabei Groll und Enttäuschung außer acht lässt.

Was hat nicht gestimmt an unserer Beziehung? Was habe ich von meinem damaligen Partner gebraucht und was war ich bereit, ihm zu geben? Diese Gedanken haben in der akuten Trennungsphase verständlicherweise noch keinen Platz – und der andere hat sich diese Fragen höchstwahrscheinlich schon im Vorfeld gestellt. Nun wäre die Zeit, eine Bilanz zu ziehen, vielleicht auch mit Hilfe eines Therapeuten. Wenn nicht zu viel Porzellan zerschlagen wurde, wäre dies eine Gelegenheit für ein abschließendes Gespräch mit dem Expartner.

Es geht dabei nicht um das Vergeben und Vergessen, sondern vielmehr darum, sich unter neuen Voraussetzungen einen Überblick zu verschaffen. Die Trennung hinterlässt ihre Spuren und verdeckt vieles vom damaligen gemeinsamen Weg. Doch gerade diese Strecken sind wichtig, damit erkennbar wird, welche Richtung man in Zukunft einschlagen möchte.

Die Angst, erneut verlassen zu werden, hindert die Betroffenen nur selten daran, neue Partnerschaften einzugehen. Drei Viertel aller Verlassenen haben ein bis drei Jahre nach der Trennung wieder geheiratet [1], insbesondere die Männer waren recht schnell an einer neuen Ehe interessiert.

Wenn man verlassen hat …

Wer die Beziehung beendet, wird zwangsläufig zum Täter. Die Entscheidung zur Scheidung verursacht so gut wie immer großes Unglück, nicht nur beim Partner, sondern auch im Familien- und Freundeskreis. Vorwürfe sind an der Tagesordnung, Mitgefühl kann man nicht erwarten. Deswegen braucht man sehr viel Kraft, Mut und Selbstbewusstsein, wenn man diesen Schritt geht.

Die meisten haben bis zum Zeitpunkt der Trennung eine

lange, harte Zeit hinter sich. Die vier Phasen der Trauer durchlebt auch der Verlassende, jedoch nicht parallel zum Expartner, sondern um einige Monate, vielleicht sogar Jahre nach vorn verschoben. Es ist nämlich durchaus schmerzhaft, wenn man für sich erkennt, dass das Zusammenleben keinen Sinn mehr macht und beendet werden muss. Auch hier wird am Anfang die Tatsache verdrängt und schlägt irgendwann in Wut und Verzweiflung um – nur dass man diese aufbrechenden Gefühle mit sich allein ausmachen muss. Es werden alle Hebel in Bewegung gesetzt, die Ehe zu erhalten, Besuche beim Therapeuten und andere Rettungsversuche sollen das Unvermeidliche verhindern. Was das im Klartext bedeutet, wissen nur die, die es durchgemacht haben: Man lebt weiterhin miteinander, man schläft im selben Bett und versucht mit verkrampfter Zärtlichkeit den Schein aufrechtzuerhalten. Vielleicht, weil man den Kindern zuliebe durchhalten will oder Angst vor der ungewissen Zukunft hat. Je länger diese Phase dauert, desto mehr zerstört sie im Grunde. Trotzdem kristallisiert sich irgendwann heraus, dass es keinen Zweck hat und man lieber die Tortur einer Trennung auf sich nehmen möchte als weiterhin an der Seite des Partners auszuhalten. Die meisten Menschen, die ihren Partner verlassen haben, sagen, dass diese Phase sie am meisten Kraft gekostet hat. [35]

Wenn dann tatsächlich der Schlussstrich gezogen wird, ist man schon ein gewaltiges Stück weiter und fängt bereits mit der Aufarbeitung des Erlebten an. Zugleich wird man konfrontiert mit dem Leiden und der Wut des Expartners und den vielen Unwägbarkeiten der neuen Situation. In den meisten Fällen verlässt man nicht nur den Partner, sondern auch die gewohnte Umgebung, manchmal auch die Kinder, die Freunde, die Arbeitsstelle. Der komplette Neustart verleitet dazu, das Vergangene zu verdrängen, insbesondere weil man sich im Vorfeld schon so viele Gedanken gemacht und Nerven gelassen hat, da will man endlich vorwärts, raus aus dem Elend, ab ins neue Leben.

Es gibt auch so etwas wie eine heimliche Verpflichtung, dass es einem von nun an besser gehen soll, sonst hätte man schließlich eine Fehlentscheidung getroffen. Und oft verleihen einem Gefühle wie Erleichterung, Befreiung und sogar Stolz [1] ungeahnte Energie – aber auch ein schlechtes Gewissen. Und ein stiller, nagender Zweifel, ob man nicht vielleicht doch etwas mehr in die Beziehung hätte investieren können, ob man zu schnell aufgegeben hat. Zwar bereut so gut wie niemand, sich getrennt zu haben [35], doch die Erkenntnis, dass eine große Liebe, die eigentlich für immer halten sollte, an einem selbst gescheitert ist, lässt einen skeptisch werden, was neue Beziehungen angeht. Noch einmal möchte man das nicht durchleben müssen.

Es ist ein Fehler, wenn man zu früh die alte Beziehung zu den Akten legt, denn in der Entscheidungsphase vor der Trennung kann man sich und seine Situation noch nicht aus der nötigen Distanz betrachten. Und die zugegeben etwas paradox wirkenden Gefühle wie Trauer und Wehmut – die eben auch auftauchen, wenn man eigentlich heilfroh ist, gegangen zu sein – haben ihre Berechtigung und müssen zugelassen werden. Zum Weiterleben braucht man Erinnerungen an schöne gemeinsame Tage und das Wissen, warum man den Menschen damals geheiratet hat. Im Nachhinein alles schwärzer zu malen, als es in Wirklichkeit gewesen ist, nur um das Verlassen vor sich und anderen zu rechtfertigen, kann sogar schädlich sein. Man vergibt hier die Chance, sich selbst und dem Beziehungsverhalten auf die Schliche zu kommen.

Warum habe ich mir das gefallen lassen? Weswegen habe ich mich oder hat der andere sich so verändert, dass es nicht mehr gepasst hat? Welche Erwartungen an die Ehe haben sich nicht erfüllt – und habe ich diese noch immer?

Der kleine/große Unterschied

Männer und Frauen gehen unterschiedlich mit der Liebe um. Dieser Satz kommt sehr banal und verallgemeinernd daher, trifft aber – bis auf die obligatorischen Ausnahmen – zu. Männer erwarten etwas anderes von der Ehe als Frauen. Dementsprechend gehen sie auch anders mit deren Ende um.

Der kleine, aber gewaltige Unterschied zwischen den Geschlechtern ist durchaus zu erklären: Die Gehirne funktionieren anders (bei Frauen sind die Areale für Handlung und Gefühle viel enger verknüpft), die Hormone senden verschiedene Signale aus (das »Männerhormon« Testosteron macht mitunter aggressiv, während die weiblichen Östrogene die Sensibilität steigern) und für die ersten Monate des gemeinsamen Nachwuchses wird bis auf weiteres immer die Frau zuständig sein, nur sie kann ein Kind austragen und es stillen. Erziehung und Umwelt unterstützen nach wie vor die Entwicklung zum Mann, der nicht weint und sich durchsetzen kann, und zur Frau, die hingebungsvoll um das Glück der Familie besorgt ist. Zwar stehen die Zeichen auf Veränderung, doch bis diese auch ganz tief drinnen angekommen ist, dort, wo vernünftige Argumente keinen Zutritt haben, werden noch einige Generationen damit umgehen müssen, dass Männer und Frauen nun mal nicht gleich ticken.

Männer müssen von ihrem Selbstverständnis her nicht andauernd Liebesbeweise erbringen oder einfordern, sie wollen sich in einer Beziehung wohl fühlen und sehen Liebe und Sex nicht zwangsläufig als Einheit. Im Großen und Ganzen sind sie auch ziemlich bequem, engagieren sich seltener für das Familienglück und stellen den Sinn ihrer Ehe kaum in Frage, nur weil man in einen Alltagstrott verfallen ist. Noch immer ist es so, dass meist der Mann besser bezahlt wird und somit die Brötchen verdient, die Frau und Kinder zu essen bekommen – dies ist seine hauptsächliche Investition in Sachen Familie. Natürlich sind Männer und Väter heutzutage nicht mehr nur am späten Abend und am Wochenende zugegen, zum Glück bringen sie sich in ihrer Freizeit gern ein, unternehmen gemeinsam mit der Familie etwas, haben teil an der Erziehung, am Haushalt, am gemeinsamen Leben. Und solange dies alles irgendwie funktioniert, gibt es keinen Anlass, über eventuelle Missstände zu grübeln.

Zufriedenheit in der 1. Ehe
Vergleich Männer und Frauen
57 % der Männer waren in der ersten Ehe die meiste Zeit zufrieden – aber nur 13 % der Frauen. Bei 66 % der Frauen schlich sich die Unzufriedenheit nach und nach ein, dies war nur bei 30 % der Männer der Fall.

Frauen hingegen ist diese Trennung zwischen Gefühl und Handeln eher fremd. Für sie stellt eine eingeschlafene, freudlose Partnerschaft eine weitaus größere Belastung dar. Die pragmatische Haltung ihres Mannes empfinden sie als Desinteresse – ob zu Recht oder Unrecht, macht im Grunde keinen Unterschied. Insbesondere wenn die Frauen ganz oder halbtags zu Hause sind, fallen die Dinge, die sie vermissen, mehr ins Gewicht. Sie beschäftigen sich mit diesen unguten Gefühlen, gehen ihnen nach, erkennen, dass der Mann im Grunde keinen Handlungsbedarf sieht – und verzweifeln daran. Ihnen ist es nur schwer möglich, unter diesen Umständen eine Beziehung aufrechtzuerhalten.

Dementsprechend oft geht der Trennungswunsch von der Frau aus. Nur jeder dritte Scheidungsantrag wird von einem Mann gestellt. [13] Er scheint das Leid in einer unglücklichen Beziehung besser ertragen zu können, vielleicht, weil er weniger Ansprüche an das Zusammenleben stellt.

Wer wollte die Trennung?
In 71 % der Fälle die Frau
In 21 % der Fälle der Mann
In 8 % der Fälle beide

Doch vielleicht ist es für den Mann auch schlichtweg schwieriger, aus einer Ehe auszubrechen. Allein schon die Umgangssprache geht wenig zimperlich mit dem vermeintlich starken Geschlecht um: Wenn der Familienvater sich zur Trennung entschließt, lässt er Frau und Kinder sitzen. Wird er verlassen, ist ihm die Frau weggelaufen. Im Endeffekt ist der Mann meist der Dumme, der Böse, der Schuldige. Damit tut man ihm natürlich mehr als unrecht, ein Mann hat dasselbe Recht, sich zu trennen, wie eine Frau. Und er hat ebenso ehrliches Mitleid verdient, wenn er verlassen wurde. Ihm leuchtet meist erst im Nachhinein ein, dass er einige Alarmsignale übersehen hat. Umso größer ist der Schock, den er verkraften muss, wenn die Partnerin »von heute auf morgen« die Konsequenzen zieht.

Trennungserleben
48 % der Männer erlebten die 1. Scheidung als katastrophal, von den Frauen nur 21 %
60 % der Frauen erlebten die 1. Scheidung als einvernehmlich, von den Männern nur 30 %

Natürlich sind die Männer keine gefühlskalten Grobiane, im Gegenteil, sie leiden womöglich weit mehr unter der Situation. Nicht nur, weil sie es meistens sind, die aus dem gemeinsamen Haus ausziehen, die Kinder zurücklassen und Unterhalt zahlen müssen. Sondern auch, weil sie eben ungeübter sind im Umgang mit Emotionen. Sie deuten die Trennung als Kriegserklärung und empfinden das Verhalten ihrer Frau als aggressiv, wenn sie sich für ihre Rechte stark macht. Die Männer fühlen sich als »Verlierer«, während es bei den Frauen eher um den Neugewinn geht. Natürlich machen auch die weiblichen Trennungsbetroffenen Bekanntschaft mit eher männlichen Gefühlen wie Wut und Hass, doch nicht in dem Maße – die positiven Emotionen, die die Veränderung mit sich bringt, überwiegen meist.

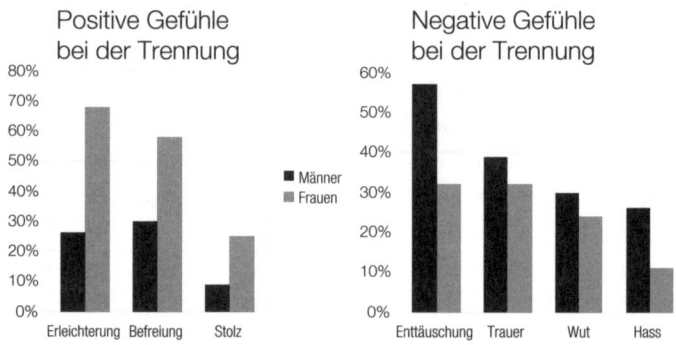

Diese Empfindungen resultieren daraus, dass der Mann in der Trennung tatsächlich in einigen Bereichen schlechter wegkommt und juristisch wie moralisch derjenige ist, der eine ganze Menge einzustecken hat. Zumindest, wenn er zuvor der Geldverdiener in einer traditionell gestalteten Familie gewesen ist. Er hat gearbeitet, das gemeinsame Leben finanziert – und muss nun erkennen, dass sich das unterm Strich schlichtweg nicht gelohnt hat. Die Frau lebt in dem Haus, dessen Raten er abgezahlt hat. Sie verbringt ihre Zeit mit den Kindern, für deren Ausbildung er zur Kasse gebeten wird. Er steht allein da, während sie alles hat.

Wer hat die Trennung besser verkraftet?

Ich
71 % Frauen, 51 % Männer
Mein/e Expartner/in
3 % Frauen, 22 % Männer
Beide gleich gut
21 % Frauen, 17 % Männer
Beide gleich schlecht
5 % Frauen, 4 % Männer

Diesen heftigen Schlag zu verdauen ist kein Spaziergang und viele scheuen sich davor.

Warum mit dem Schmerz leben, wenn es auch anders geht? Es gibt die verlockende Möglichkeit, sich eine andere Partnerin zu suchen und so bald wie möglich erneut zu heiraten, um die Vergangenheit mitsamt ihren unangenehmen Erinnerungen auszulöschen. Für einen Mann, der nicht der Meister der großen Gefühle ist, scheint dies die beste Alternative zu sein. Ist es aber nicht. Laut Umfrage geben weit mehr Männer zu, die Trennung im Vergleich zur Expartnerin schlechter verkraftet zu haben – und das, obwohl sie zu diesem Zeitpunkt wieder verheiratet sind.

Beziehungstypen

Gleich und Gleich gesellt sich gern oder *Gegensätze ziehen sich an* – zwei Weisheiten, die einander widersprechen und doch immer wieder vorgebracht werden, will man ein Paar charakterisieren. Welche davon stimmt denn nun eigentlich?

Das kommt auf den Beziehungstyp an. Es gibt Menschen, denen es gut tut, mit einem »Seelenverwandten« zu leben, dessen Wesenszüge mit den eigenen weitestgehend übereinstimmen. Aber manchmal ist man auch so gestrickt, dass ein »Gegenpol« nötig ist, um ein zufriedenes Paarerleben möglich zu machen.

Warum das so ist, dafür hat die Wissenschaft natürlich wieder eine interessante Erklärung parat: Aufwendige Forschungen haben einen Zusammenhang zwischen den sechs Botenstoffen Dopamin, Noradrenalin, Serotonin, Testosteron, Östrogen und Oxytocin und der Persönlichkeit eines Menschen festgestellt. [36] In einer Testreihe haben sich vier

Grundtypen herauskristallisiert, die nach ihren biochemischen Merkmalen und dem daraus resultierenden Beziehungsverhalten katalogisiert wurden.

Dopamin-Dominanz

Neugierige Menschen, die immer auf der Suche nach vielfältigen Abenteuern sind und als besonders kreativ und anpassungsfähig gelten, sollten ihresgleichen suchen, denn ihre Art kann von anderen auch als Unzuverlässigkeit und Sprunghaftigkeit gewertet werden.

Serotonin-Dominanz

Bodenständigkeit, Häuslichkeit und eine innere Ruhe ist diesen Menschen zu eigen, sie lieben Regeln und Traditionen, zeigen sich loyal und zuverlässig. Doch kann dies bei anderen auch als langweilig, vielleicht sogar starrsinnig empfunden werden, deswegen passen sie am besten zu Partnern, die ähnlich ticken.

Testosteron-Dominanz

Das männliche Sexualhormon sorgt bei den Menschen dafür, dass sie berechnend und vernunftbetont handeln, ehrgeizig sind und gern die Führung übernehmen – aber auch manchmal unsensibel wirken und zu Aggressionen neigen. Sie fühlen sich zu Menschen desselben Kalibers nur selten hingezogen, sondern suchen jemanden, der sich ihnen fügt.

Östrogen-Dominanz

Eine dicht vernetzte Verbindung der beiden Gehirnhälften sorgt dafür, dass dieser Beziehungstyp viel Empathie empfindet und deswegen besonderes Interesse am Seelenleben des anderen hat. Für das Wohl des anderen tut er alles – und zwar gern. Als Gegenleistung möchte er beschützt und geleitet werden, denn Entscheidungen sind nicht seine große Stärke.

So einfach, wie diese biochemische Erklärung es aussehen lassen will, ist es im wahren Leben natürlich nicht. Niemand kann sich zielgerichtet verlieben und so können auch mal Beziehungstypen aneinander geraten, die nach dieser Theorie eigentlich nichts miteinander anfangen können. Auch wird es kaum jemanden geben, der eins zu eins in diese Schablone passt. Man kann durchaus eine Mischform sein oder sich im Laufe der Jahre vom einen Typus in eine andere Richtung entwickelt haben. Eine grundlegende Neigung jedoch ist und bleibt da, lässt sich nicht verleugnen oder abschaffen, sie basiert auf den körperlichen Gegebenheiten und dem, was den Menschen seit seiner Geburt geprägt hat. Also ist es kein Zufall, ob ein Paar langfristig glücklich miteinander sein kann oder nicht.

Es gibt Fragen, bei denen es von Anfang an eine Übereinstimmung geben sollte. Zum Beispiel bei der Lebensplanung: Will einer unbedingt Kinder und Familie, hat es keinen Sinn, sich mit jemandem einzulassen, der alle paar Jahre neue Herausforderungen sucht. Zwei über alle Maßen verständnisvolle Partner können scheitern, weil keiner von beiden sich traut, wichtige Entscheidungen zu wagen, die den anderen betreffen. Im Umkehrschluss stehen sich die dominanten Charaktere ständig selbst im Weg, da jede Entscheidung in einen Machtkampf ausarten wird. Sowohl Ähnlichkeiten wie Differenzen sind wichtige Komponenten in einer Partnerschaft, es kommt nur auf das richtige Maß an. Dann erleichtern die Ähnlichkeiten den Alltag, und die Unterschiede sorgen für den nötigen Pfeffer, der Spannung in die Beziehung bringt.

Man kann einen Menschen in seiner grundlegenden Persönlichkeit nicht ändern.

Das ist nichts Neues, diesen Satz sprechen Eheberater wahrscheinlich mehrmals am Tag aus und jeder hat ihn mindestens schon einmal irgendwo gelesen. Und natürlich ist er wahr. Aber nicht so dramatisch. Zumindest nicht für diejenigen, die bereit sind, sich auf das Abenteuer Ehe einzulassen, und eine Menge Lebenserfahrung im Gepäck haben.

Insa & Tim
und die Zweifel

Das Gespräch zwischen den Kissen hat Tim in seiner Euphorie mächtig ausgebremst.

Als er am nächsten Tag die halbvolle Champagnerflasche im Kühlschrank stehen sieht, fühlt er sich geradezu für dumm verkauft. Der Guten-Morgen-Kuss fällt spartanisch aus.

Erst ist er sauer, weil Insa ihm gestern nicht freudestrahlend um den Hals gefallen ist, sondern stattdessen wieder von ihrem Exmann geredet hat. Doch dann entdeckt er auf einmal einen kleinen, fiesen Stachel, der ihm selbst immer noch im Fleisch steckt. Natürlich gibt er es nicht zu, schließlich will er Insa ermutigen, ihn zu heiraten, da kann er schlecht eingestehen, dass auch er immer noch Wunden aus seiner ersten Ehe mit sich herumschleppt.

Das Kästchen mit dem Ring verstaut er ganz hinten in seiner Schreibtischschublade. Dann eben nicht. Vielleicht kann er den Juwelier überreden, das Ding zurückzunehmen? Dazu kann Tim sich doch nicht überwinden. Es ist ja noch nicht endgültig aus. Sie hat immerhin nicht nein gesagt.

Insa wirft ihm – wenn auch durch die Blume – Leichtfertigkeit vor. Und genau dieser Vorwurf kommt ihm schrecklich bekannt vor. Leichtfertigkeit, Gedankenlosigkeit, die Unfähigkeit, bestehende Konflikte zu erkennen und anzugehen, weil es unangenehm ist. Er sieht seine Exfrau Sabine bildlich vor sich, wie sie ihm diese Dinge vorhält. Und jetzt auch Insa? Vielleicht haben die beiden ja recht. Vielleicht begeht er gleich zu Beginn einer neuen gemeinsamen Zeit einen Fehler, der ihn schon die erste Ehe gekostet hat. Wahrscheinlich sind Zweifel in dieser Situation nichts Schlimmes, sondern normal. Und wichtig.

Ihm kommt eine Idee, von der er sich erst gar nicht traut, sie zu denken. Soll er wirklich? Er muss ja ohnehin heute mal dort vorbei, denn die Ferienplanung liegt noch an. Und sein Sohn Felix hat, soweit Tim informiert ist, in dieser Woche ein paar Bewerbungsgespräche für seine Lehrstelle. Da wäre es gut, wenn er sich als Vater mit Rat und Tat einbringt. Dreimal atmet er ruhig durch. Normalerweise ist es kein Problem für ihn, einfach anzurufen, das Verhältnis zu Sabine ist inzwischen neutral bis wohlgesonnen. Aber normalerweise fragt er sie auch nicht, ob sie Zeit hat, mit ihm über ihre Ehe zu sprechen.

Er nimmt den Hörer in die Hand, die Nummer ist eingespeichert. Sabine ist da. Und sie hat Zeit. Um drei Uhr. In einem Café in der Innenstadt.

Tim: Schön, dass du gekommen bist!
Sabine: Das Angebot konnte ich mir schlecht entgehen lassen: Du willst mit mir darüber reden, was bei uns damals schiefgelaufen ist, und das wollte ich dir schon immer mal sagen. Was verschafft mir denn die Ehre?
Tim: Ich möchte wieder heiraten.
Sabine: Das freut mich für dich. Für euch. Wann denn?
Tim: Naja, ehrlich gesagt, so konkret ist es noch nicht. Insa hat … Wir haben noch ein paar Zweifel.
Sabine: Jetzt verstehe ich! (lacht) Du brauchst von mir ein Ehetauglichkeitszeugnis?
Tim: Quatsch! Hör doch auf damit! Ich will einfach wissen, warum wir es nicht geschafft haben. Ob es Warnzeichen gab. Vielleicht war auch von vornherein klar, dass wir uns eines Tages

wieder trennen würden – nur haben wir es nicht erkannt. Hatte das Ganze einen tieferen Sinn? Was denkst du darüber?

Sabine: Ich denke, allein dass du mir heute solche Fragen stellst, zeigt, dass alles einen tieferen Sinn hatte. Das wäre dir damals im Leben nicht eingefallen. Ich freue mich auf dieses Gespräch. Wollen wir uns zur Feier des Tages Champagner kommen lassen?

4. Die Zweifel: Bin ich schon so weit?

Was es bedeuten kann, wenn eine Ehe zu Ende geht, versteht nur, wer schon einmal davon betroffen war. Damit sind nicht nur die Partner gemeint, die sich entschlossen haben, vor den Scheidungsrichter zu treten, sondern auch die Angehörigen, die Eltern, Kinder, Geschwister und Freunde. Es zerbricht mehr als nur eine Beziehung zwischen zwei Menschen. Ein bisher gültiger Lebensentwurf liegt in Scherben.

Man musste sich verabschieden von den gemeinsamen Plänen, die man hatte und die eine wichtige Basis bildeten. Es war nicht einfach, sich einzugestehen, dass die Zukunftsvisionen von einem Lebensabend am Meer, von der Weltreise, der harmonischen Großelternschaft oder der ausschweifend gefeierten Silberhochzeit niemals Realität werden können. Denn die geplatzten Träume hinterlassen entsprechend eine Leere, die schwer zu ertragen ist. Zu wissen, dass die gemeinsamen Ziele sich als hinfällig erwiesen haben und man somit all die Jahre auf ein Trugbild hingelebt hat, schmerzt weit mehr, als man es sich im Vorfeld ausmalen kann. Sieht man nun intakte Familien im fröhlichen Miteinander, treibt es einem schon mal die Tränen in die Au-

Nach welcher Zeit war die 1. Ehe emotional »abgeschlossen«?

51 % weniger als 1 Jahr
20 % bis 2 Jahre
16 % bis 5 Jahre
7 % bis 10 Jahre
5 % das wird nie abgeschlossen sein

gen. Die glücklichen Paare im Park kann man nicht ohne Wehmut betrachten. Und wenn man an dem Haus vorbeifährt, in dem man eigentlich einmal alt werden wollte, ist da ein Stich in der Herzgegend.

Nie wird einem das Scheitern so deutlich, wie wenn man die Träume von damals begraben muss. Man hat es nicht geschafft.

Die Ehe hat enttäuschend geendet. Ent-täuschung – in diesem Wort ist enthalten, um was es sich zuvor gehandelt hat: um eine Täuschung. Nicht mehr und nicht weniger. Wer sich ein Bild von seinem Leben macht, sich ausmalt, wie die Zukunft auszusehen hat, der wird immer erkennen müssen, dass dies nicht möglich ist. Dazu braucht man noch nicht einmal eine Ehe in den Sand zu setzen, auch Krankheiten, Schicksalsschläge oder sonstige Entwicklungen, mit denen nicht zu rechnen war, werden es anders kommen lassen, als erwartet. Eine Enttäuschung erlebt man also so gut wie immer, nur wird sie in diesem Fall unmittelbar mit den Veränderungen der Ehescheidung in Verbindung gebracht.

Nach der unsanften Landung in der Realität wird man dann nach und nach wieder damit beginnen, die entstandenen Lücken mit neuen Visionen zu füllen. Die Weichen sind neu gestellt, aus dem erwünschten Rentnerglück am Meer wird nun vielleicht der Traum, eine Hütte in den Alpen zu beziehen. Selbst wenn klar ist, dass sich auch diese wieder als Luftschloss entpuppen kann, man braucht diese neuen Ziele, um die Vergangenheit nicht als grundsätzliches Scheitern zu verstehen.

Man hat etwas nicht geschafft, etwas nicht zu Ende gebracht – zumindest aus der alten Perspektive gesehen. Aus neuer Sicht jedoch hat man die Grundlage für etwas geschaffen, das nun viel besser passt, viel wahrscheinlicher scheint. Es ist gar kein Scheitern gewesen, sondern eine Weiterentwicklung. Trotzdem sind da Zweifel. Laute oder leise, nagende oder sogar beißende. Kaum einer wird nach der ersten Scheidung völlig unbefangen die zweite Ehe eingehen. Und das hat seinen Sinn.

Wie konnte ich nur?

Schwamm drüber! Schnee von gestern! Jetzt ist es auch mal langsam gut!

Naturgemäß sind uns die Expartner manchmal fremder als jeder Passant, der uns auf der Straße rein zufällig begegnet. Oft hört man von Freunden und Bekannten den Satz: »Ich kann mir gar nicht vorstellen, dass du mit dem/der schon einmal zusammengewesen bist und dir das alles hast gefallen lassen. So etwas passt gar nicht zu dir.«

Zwar verändert uns ein so einschneidendes Ereignis wie eine Scheidung ziemlich, aber nicht in dem Maße, dass alles, was vor ein paar Jahren noch alltäglich war, nun undenkbar geworden ist. Der Filter in unserem Kopf hat nur noch die negativen Erinnerungen durchgelassen, Positives ist aus dem Gedächtnis verbannt, damit man bloß nicht darüber nachdenken muss, was man bei der ganzen Entwicklung verloren hat. Man sollte nicht die Tage vergessen, an denen man gemeinsam gelacht hat, an denen das Kind geboren, das Richtfest vom eigenen Haus gefeiert wurde oder man einen romantischen Traumurlaub erleben durfte. Vor diesem Hintergrund erscheinen die vielen unguten Erinnerungen nämlich ganz anders, lassen Dinge erkennbar werden, die bislang im Schatten lagen oder von etwas anderem verdeckt wurden. Aber wie bekommt man das hin?

Oft weicht man diesen Reisen in die Vergangenheit lieber aus, denn sie sind mit wehmütigen Gefühlen verbunden, manchmal auch mit Trauer, Wut oder dem Wunsch, eine offene Rechnung begleichen beziehungsweise ein klärendes Gespräch führen zu wollen.

Aber gerade in diesen Gefühlen steckt der Schlüssel, der einem ganz neue Türen in die Zukunft öffnet. Deswegen sollte man nicht vor ihnen davonrennen, sondern im Gegenteil ganz bewusst nach ihnen suchen.

Zur Beruhigung: Man muss keine Therapie anfangen, solange sich die alten Geschichten einem nicht allzu sehr in den Weg stellen. Es reichen manchmal schon kleine, bewusste Ausflüge in die Vergangenheit, man kann sogar ganz einfache Tricks anwenden, um dorthin zu gelangen:

Fotos/Filme

Eine Kamera hat man für gewöhnlich nur dabei, wenn etwas besonders Schönes oder Wichtiges anliegt (nur zum Vergleich: Nach Hochzeiten werden albenweise Bilder entwickelt, doch auf einer Scheidung wird kein einziges Mal geknipst). Mit Fotos und Filmen sollen positive Momente archiviert werden, damit sie nicht verlorengehen. Genau dieses Archiv ist nach einer Trennung Gold wert, wenn man sich in aller Ruhe an die fast vergessenen Situationen zu erinnern versucht. Bilder aus der Kennenlernzeit, Hochzeitsaufnahmen, Videos von den ersten Schritten, die die gemeinsamen Kinder versucht haben, und immer wieder Schnappschüsse von Familienfeiern, Urlaubstagen, Weihnachten oder dem ganz normalen Alltag.

Für jedes Detail sollte man sich Zeit nehmen: Da hängt dieser vollgeschriebene Kalender im Hintergrund an der Wand. Den Pullover hat man abends auf dem Sofa selbst gestrickt. Der Kuchen auf der festlich gedeckten Verlobungstafel wurde von der Schwiegermutter gebacken und war viel zu süß.

Plötzlich ergeben sich daraus wie von selbst die relevanten Fragen: Was habe ich damals eigentlich gedacht und empfunden? War ich an diesem Tag wirklich so glücklich, wie ich auf dem Bild scheine, oder habe ich mir und anderen etwas vorzuspielen versucht? Was mochte ich an meinem Partner und wovon war ich schon immer genervt?

Tagebuch / Liebesbriefe

Vielleicht gibt es auch etwas Schriftliches, das man studieren könnte. Tatsächlich zu Papier gebrachte oder als E-Mail oder SMS formulierte Zeilen aus der Vergangenheit wirken wie eine Zeitbrücke. So viele Hoffnungen, die in den Liebesbekundungen stecken, der Glauben, dass diese Sache für immer halten möge, alles genau richtig sei, das größte Glück aller Zeiten.

Es ist manchmal geradezu peinlich und unangenehm, zu lesen, was man vor Jahren wichtig genug zum Aufschreiben fand. Recht ungeschönt wird erkennbar, wie man sich von romantischen Vorstellungen hat täuschen lassen. »Du bist der wundervollste Mensch, der mir je begegnet ist!« (Was, dieses Miststück habe ich einmal wundervoll genannt? Tatsache, es ist meine Handschrift …) »Es ist überhaupt nicht schlimm, dass du unsere Verabredung vergessen hast, auf dich würde ich ein ganzes Leben lang warten!« (Schon damals konnte man sich nicht auf ihn verlassen, aber da war ich zu blöd, ihm gleich die Meinung zu geigen …) »Endlich habe ich jemanden gefunden, der mir das Gefühl gibt, das Wichtigste auf der Welt zu sein!« (Ich weiß genau, das habe ich notiert, als es den ersten Eifersuchtsanfall gegeben hat …)

Gerade das Erkennen zwischen den damaligen Wunschvorstellungen und dem, was aus heutiger Sicht dahinter steckte, gibt Aufschluss über die Illusionen, zu denen man fähig ist. Darüber hinaus erinnern sie uns auch an die guten Gefühle, die damit verbunden waren.

Sinneseindrücke

Hört man nach vielen Jahren ein Lied wieder, welches eng mit einer Situation verbunden war, die lange zurückliegt, brechen oft Emotionen hervor, die ebenso ewig lang zurückliegen. Es kann der Song sein, welchen man sich zum Hochzeitstanz wünschte, oder auch die Melodie, mit der man das gemeinsame Kind damals in den Schlaf gesungen hat – nur ein paar Noten oder Akkorde, und man steht wieder dort auf der Tanzfläche oder neben der Wiege.

Auch ein Ort, mit dem schöne und weniger schöne Erinnerungen verbunden sind, kann diese Wirkung haben. Ein Besuch in der Kneipe, in der man sich zum ersten Mal gesehen hat, diese typische Beleuchtung, genau wie damals. Die gemeinsame Joggingstrecke durch den Wald, es riecht noch immer nach feuchtem Holz und Moos.

Eine seltsame Verbindung zwischen Vergangenheit und Gegenwart – und damit auch mit der Zukunft – entsteht, wenn die eigene persönliche Veränderung mit dem immer noch gleich Gebliebenen konfrontiert wird. Beruhigend zu erfahren, so vieles ist jetzt anders bei mir, aber den Rest der Welt kümmert das relativ wenig.

Gespräche

Wie haben die Menschen, die einen im Alltag begleiten, die Zeit der Veränderung erlebt? Entweder waren sie unmittelbar betroffen, wie die engsten Freunde und Verwandten. Oder sie haben von der ganzen Entwicklung nur am Rande etwas mitbekommen und begegnen einem, als sei im Grunde nichts geschehen.

Gespräche sind der direkte Weg, die Vergangenheit lebendig werden zu lassen, denn alle anderen Erinnerungsstützen sind in erster Linie subjektiver Natur. Der Mensch gegenüber wird jedoch auch andere Ansichten und Meinungen vertreten, wird sich entsinnen können an Begebenheiten, die man aus dem Langzeitgedächtnis gestrichen hat, aus welchem Grund auch immer. »Wir haben dich immer gewarnt, dass es nicht gutgehen kann, aber du wolltest ja nicht hören!« (Wirklich? Aber woher wussten die das? Und warum war ich so unbelehrbar?) »Von euch haben immer alle gedacht, ihr seid das Traumpaar schlechthin!« (Das haben wir selbst auch von uns gedacht, bis die Lüge nicht mehr wegzuretuschieren war …)

Unbedingt wichtig: Wenn gemeinsame Kinder da sind, sollte man die Gelegenheit nutzen, Geschichten aus der Zeit zu erzählen, als Mama und Papa sich noch nahegestanden haben. Nicht nur für die Kinder, die solche Erinnerungen brauchen, um sich angenommen zu fühlen, sondern auch für sich selbst. Denn die Ebene der Elternschaft verändert sich zwar, bleibt aber für immer bestehen. Wer sich da nur erinnert, dass der Partner sich nicht gekümmert oder die Kinder aufgehetzt hat, macht es sich und allen Beteiligten zusätzlich schwer.

Aussprache

Es ist sehr viel wert, wenn geschiedene Partner trotz Trennung eine Kommunikationsebene finden, manche werden sogar zu Freunden. Dies bedeutet aber nicht, dass man über »das Thema« spricht. Oft wird die gemeinsame Vergangenheit eher oberflächlich behandelt, vielleicht erzählt man sich Anekdoten oder verfällt in einen unverfänglichen, fast geschäftsmäßigen Ton. Denn die Gefühle von damals, die Ängste, Verletzungen und Scham, sind ein gefährliches Terrain, auf dem der neu gefundene Zugang zueinander unnötig aufs Spiel gesetzt wird.

Doch wenn sich die Gelegenheit ergibt und beide Expartner daran interessiert sind, kann eine Aussprache auch nach Jahren noch eine heilsame und lehrreiche Erfahrung sein. Wer weiß, eventuell hat man wegen einer Sache noch immer ein schlechtes Gewissen und erfährt dann, dass diese Angelegenheit für den anderen schon längst vergessen ist. Oder man wird noch einmal darauf aufmerksam gemacht, dem anderen eine Erklärung schuldiggeblieben zu sein.

Wer es schafft, hier noch mal einen guten und würdigen Schlussstrich unter die erste Ehe zu setzen, bringt einen großen Bonus in die zweite mit.

Scheidung im Guten und Bösen

Eine halbwegs faire Scheidung und ein anschließendes Verhältnis, das neutraler oder gar freundschaftlicher Natur ist, erleichtert den Weg in die Zukunft enorm. Man kann dem Expartner die neue Liebe gönnen, akzeptiert die neue Beziehung auch, wenn es um die Erziehung der gemeinsamen Kinder geht. Es gibt sogar Fälle, in denen die neu verheirateten Paare zusammen in den Urlaub fahren oder Häuser in der Nachbarschaft kaufen, damit es für die Kinder leicht ist, zu beiden engen Kontakt zu halten. Wenn so etwas funktioniert, ist das wunderbar – aber eben nicht der Normalfall, sondern ein Idealbild. Und ein solches Idealbild als Ziel anzupeilen, birgt erneut die Gefahr der Enttäuschung.

Ein großer Teil hat zumindest ein neutrales Verhältnis oder sich im Laufe der Jahre völlig aus den Augen verloren. Das ist schade, doch es gibt wenigstens keinen Ärger.

Leider schafft es nämlich bei weitem nicht jedes Paar, sich nach der Trennung ohne Groll zu begegnen. Ratschläge, sich doch wie erwachsene Menschen zu benehmen und den gegenseitigen Respekt zu wahren, mögen gut gemeint sein, stoßen jedoch oft auf taube Ohren. Frieden ist eben nicht immer möglich, und manchmal ist dieser weiter schwelende Konflikt einfach unlösbar, beim besten Willen. Oft passiert das, wenn einer von beiden die Trennung noch immer nicht wirklich akzeptiert hat und dieses letzte Band nicht kappen will. Auch wenn es nur aus längst verjährten Schuldzuweisungen und immer wieder neuen, fiesen Taktiken besteht, die dem Expartner das Leben schwer machen sollen – wenigstens ist man auf diese Weise noch ein Bestandteil desselbigen. Es gibt Paare, die sich noch auf der Taufe ihrer Enkelkinder nicht unaufgeregt begegnen können.

Wie ist das Verhältnis zum ersten Ehepartner heute?
23 % haben uns aus den Augen verloren
20 % freundschaftlich
18 % neutral
15 % sehr schlecht
13 % angespannt
8 % respektvoll

Besonders die Streitereien vor Gericht zerstören viel, was vielleicht noch zu retten gewesen wäre. Wenn dann das Urteil gefällt, das Vermögen verteilt, das Kind versorgt und der Ehestand aufgelöst wurde, gelingt es manchen, dies als Schlussstrich der Auseinandersetzung zu sehen. Doch für viele ist auch dann der Kampf noch nicht beendet.

Diese unguten Erfahrungen sind eine große Belastung für die neue Partnerschaft. Wenn sich die intensivsten Gespräche eines Paares immer um eine vergangene Beziehung und ihre Auswirkungen drehen, ist kaum Platz für eigene Themen. Zwar tritt das alles mit der Zeit weiter in den Hintergrund, wiegt aber als Ballast noch eine ganze Menge. Interessant ist, dass unter denjenigen, die noch immer relativ häufig über ihren Expartner reden, wesentlich mehr

Männer zu finden sind. Bei der Gruppe, die nie das Thema Vergangenheit anschneidet, handelt es sich jedoch in der Überzahl um Frauen. Ob dies bedeutet, dass Männer sich schwer tun, mit der Vergangenheit abzuschließen? Oder sind die Frauen Verdrängerinnen ihrer eigenen Geschichte?

Wie oft reden Sie heute über Ihren Expartner?
75 % eher selten
(Männer und Frauen ausgewogen)
13 % mehrmals die Woche
(Mehrzahl Männer)
12 % nie
(Mehrzahl Frauen)

Ein Thema, das immer wieder zum Streitpunkt wird, ist kein abgeschlossenes Kapitel. Vielleicht ist man selbst derjenige, der es einfach nicht gut sein lassen kann, weil noch so viel Ungeklärtes im Raum steht. Dass diese Dinge irgendwann aus der Welt geschafft werden sollten, versteht sich von selbst, also angepackt, aussortiert und endlich fort damit, nur so kann es weitergehen.

Wenn man jedoch derjenige ist, auf den der Expartner noch immer einen Anspruch erhebt, lässt sich daran nichts ändern. Man muss damit leben lernen. Und trotzdem weitermachen.

Immer, wenn es Schwierigkeiten gibt, die sich nicht lösen lassen, ist es eine Frage der eigenen Einstellung, ob man daran zerbricht oder vielleicht sogar wächst.

Oft lässt eine konfliktreiche Scheidung auf eine konfliktunfähige Ehe schließen. Ein Partner, der die Trennung beispielsweise will, weil er für sich erkannt hat, dass er all die Jahre nur in die Beziehung investiert, nur gegeben und sich dem Partner angepasst hat – und zwar um des lieben Friedens willen –, der muss mit einer sehr anstrengenden Loslösung rechnen. Denn der Verlassene empfindet einen sehr großen Verlust, wenn ihm von einem Tag auf den anderen nicht mehr so viel gegeben wird, und auf einmal kommen all die Themen hoch, die während der Ehe unter den Teppich gekehrt wurden. Hier kann der Verlassende

111

aus einem harten und langwierigen Kampf vor Gericht und auch auf anderen Schlachtfeldern etwas Entscheidendes lernen, nämlich dass falsche Harmoniesucht sich nicht lohnt. Im Gegenteil, ein unausgesprochener Konflikt wird über die Jahre verzinst, wächst auf ein Vielfaches an und stellt dann tatsächlich ein unlösbares Problem dar, das viel mehr Zeit und Nerven kostet, als wenn es gleich zu Beginn aus der Welt geschafft worden wäre. Nun muss man jahrelang kämpfen, seine Interessen durchsetzen und für sich selbst einstehen. Bestenfalls sieht man das dann als Herausforderung und Lehre, es nie wieder so weit kommen zu lassen und in einer neuen Beziehung von Anfang an einen gesunden Egoismus zu entwickeln.

Ähnlich verhält es sich mit Ehrlichkeit, Geduld, Gelassenheit oder Toleranz – diese für eine gelingende Partnerschaft wichtigen Eigenschaften lassen sich in einem Scheidungskrieg durchaus gut trainieren. Damit bekommt das Ganze bei aller nervigen und mitunter vergeblichen Anstrengung trotzdem so etwas wie einen Sinn. Und ist somit besser zu ertragen.

Die eigene Geschichte erzählen

Wie geht man mit Erinnerungen um, besonders, wenn sie zur Belastung werden oder in ihnen kein Zweck erkennbar ist? Selbstvorwürfe, warum man damals nicht konsequenter gehandelt, nicht rigoroser durchgegriffen, nicht einfühlsamer agiert hat, können einem zusetzen. Doch sie bringen kaum etwas, denn nichts lässt sich jetzt noch ändern. Man ist immer nur zu dem bereit und in der Lage, was man schaffen kann. Aus heutiger Sicht schlägt man die Hände über dem Kopf zusammen, wie man sich so unvernünftig verhalten konnte, vergisst dabei aber, dass es eben die Trennungserfahrung gebraucht hat, um dahin zu kommen, es heute anders zu machen.

Eine spannende Methode, dies zu begreifen, kann das autobiographische Erzählen oder Schreiben sein. Das ist ein Versuch, sich und sein Leben als eine Geschichte zu sehen. Eine Geschichte lebt von ihren Figuren, der Handlung und dem Konflikt, letzterer ist oft in der Konstellation der beiden anderen Faktoren begründet und für die »Spannung« zuständig: Ein Mensch gerät in eine schwierige Lage – wird es ihm gelingen, die Situation zu meistern? In der Autobiographie bedeutet das: Wer dem Erlebten die Form einer Geschichte gibt – eine tragische oder spannende oder vielleicht auch komische Geschichte –, der wird vielleicht Zusammenhänge erkennen und verstehen, die sonst verborgen geblieben wären. So kann eine Sache, die damals eher als nebensächlich empfunden wurde – ein lapidarer Streit um das Urlaubsziel, Meer oder Berge, einer setzt sich durch –, im Zusammenhang plötzlich eine riesige Bedeutung bekommen – am Meer lernt der Mann eine andere Frau kennen, wegen der er die Ehe beendet.

Wer seine eigene Geschichte erkennen will, muss sich genau auf solche kausalen Zusammenhänge stürzen: Ursache und Wirkung. Weil ich damals im Streit nachgegeben habe und ans Meer gefahren bin, wurde ich mit einer neuen Liebe belohnt. Ob das so stimmt oder nicht, ist irrelevant. Wichtig bleibt das Ergebnis: In meiner Lebensgeschichte passt alles irgendwie zusammen. Es musste so kommen, wie es kam, sonst wäre ich heute nicht der, der ich bin. Wäre ich eher aus der Ehe ausgebrochen, dann hätte ich dieses wunderbare Kind nicht mehr bekommen. Wenn ich länger geblieben wäre, hätte ich mich nie auf den Job beworben, in dem ich jetzt so glücklich bin. Also ist es nicht falsch, was ich getan oder unterlassen habe.

Das Ganze aufzuschreiben ist kein Muss – doch es lohnt sich, vor allem wenn man später einmal wissen will, wie man zu dem Zeitpunkt zwischen der ersten und zweiten Ehe das eigene Leben gesehen hat. Es ist sogar recht wahrscheinlich, dass man sich irgendwann dafür interessiert, denn auch in Zukunft werden wieder viele Entscheidungen getroffen und Erfahrungen gemacht, die dann im Kontext zur Vergangenheit eine neue Bedeutung bekommen. Welche Form das Geschriebene hat, ist gar nicht so relevant: Tagebuchnotizen, kleine Geschichten, Gedichte, Liedtexte, Briefe an sich selbst, den Expartner oder verschiedene von der Trennung betroffene Mitmenschen. Wer schreibfaul ist, kann seine Gedanken auch aussprechen und aufnehmen, malen, vertonen, aus Ton, Holz oder Stein gestalten – Hauptsache, man verleiht der Erfahrung eine feste Form.

Dieser Rückblick funktioniert natürlich am besten, wenn man in der gegenwärtigen Situation zufrieden ist und das Gefühl hat, dass der ganze Ärger von damals sich gelohnt hat. Ist man hier nicht so sicher, könnte dies ein Zeichen sein, dass die Zeit für eine neue Ehe noch nicht reif ist.

Es kommt noch immer ein Minus heraus, wenn man Gutes und Schlechtes gegenüberstellt? Man hat so viele Federn gelassen, dass ein neuer Höhenflug nicht möglich ist?

Dann stellt man sich ernsthaft die Frage, ob die neue Hochzeit lediglich dazu dienen soll, einen Ausgleich zu schaffen, Gerechtigkeit herzustellen. Wer mit solchen bewussten oder unterbewussten Hintergedanken eine Ehe eingeht, ist in großer Gefahr, eine neue Ent-Täuschung zu erleben.

Die Ehe kann einen nicht glücklicher machen als die Beziehung, die man bereits hat. Und wenn diese noch nicht ausreicht, das Erlebte zu verkraften, weil es als Fundament für das neue Glück dient, wird auch der Ring am Finger nichts daran ändern.

Der hinkende Vergleich zwischen damals und heute

Da man nicht mehr der ist, der man einmal war, macht es nur bedingt Sinn, direkte Vergleiche zwischen der Beziehung damals und heute zu ziehen. Das könnte damit enden, dass man an der müßigen Frage kleben bleibt, warum man früher nur so blöd, blind und blauäugig gewesen ist. Vorwürfe, die sinnlos und ungerechtfertigt sind, hinterher ist man bekanntlich immer schlauer.

Vergleich zwischen erstem und zweitem Ehepartner

5 % sie sind sich ähnlich

16 % Gemeinsamkeiten und Unterschiede halten sich die Waage

33 % sie unterscheiden sich

46 % sie sind das glatte Gegenteil

Trotzdem ist es eine gute Idee, die beiden Partner auf Gemeinsamkeiten und Unterschiede hin zu beobachten. Wahrscheinlich macht man das sowieso. Oder Bekannte und Freunde geben ihren Kommentar in dieser Hinsicht ab: »Ihr passt viel besser zusammen!« »Deine Ex und deine Zukünftige sind wie Feuer und Wasser, stimmt's?« »Mensch, da hast du dir ja fast eine Kopie deines ersten Mannes geangelt.«

Viele glauben, in der zweiten Ehe das glatte Gegenteil ihres Expartners geheiratet zu haben und nur wenige erkennen, im Prinzip dieselbe Person erneut gesucht und gefunden zu haben. Die Mehrheit liegt irgendwo dazwischen – und die Wahrheit wohl auch.

Nimmt man die im vorigen Kapitel vorgestellten Beziehungstypen, leuchtet es durchaus ein, dass man auf der

Suche nach dem ergänzenden Pendant ist oder nach jemandem, dessen Ziele passen und dessen Charakter sich mit dem eigenen verträgt. Abenteuerlust und Häuslichkeit suchen ihresgleichen, während Dominanz und Unterwürfigkeit sich ergänzen. Dieses Grundschema wird wahrscheinlich immer eine Rolle spielen, bedeutet aber nicht, dass das Ergebnis immer ein und dasselbe sein muss, denn alle Eigenschaften können unterschiedlich zutage treten. Ein Abenteurer muss nicht unbedingt verantwortungslos und ein Bodenständiger nicht zwangsläufig langweilig sein, genau wie eine Führungsrolle keinesfalls in Unterdrückung ausarten wird und nicht jeder Mensch, der ein weiches Herz hat, vor anderen kuschen will.

So kann beispielsweise eine Frau beide Male einem häuslichen Mann das Jawort gegeben haben, doch während der erste ihr mit seiner Trägheit den letzten Nerv geraubt hat, nutzt der zweite die Zeit daheim für anregende Gespräche, gemeinsames Kochen oder Ähnliches. So war sie zweimal mit einem ähnlichen Beziehungstyp verheiratet, mit dem ersten hat es nicht geklappt, mit dem zweiten wird sie glücklich.

Was hat mich an meinem damaligen Partner angezogen? Und was hat mich dann nach einiger Zeit an ihm gestört? Was war der wesentliche Grund, mich in meinen jetzigen Partner zu verlieben? Und womit bringt er mich inzwischen zum Verzweifeln? Welche Dinge sind bei beiden Partnern attraktiv für mich? Und wo finde ich bei beiden einen Haken?

Diese Fragen beziehen sich im Grunde genommen gar nicht auf den Partner an sich, sondern auf die Empfindungen, die er bei einem selbst auslöst. Der Ehemann, die Ehefrau ist nicht zwangsläufig das »Problem«, sondern die eigenen Reaktionen auf seine »guten« und »schlechten« Eigenschaften. Sucht man immer wieder jemanden, der gern die Zügel in die Hand nimmt und das eigene Leben für einen gestaltet, fühlt sich dann aber ständig unverstanden, dann könnte es daran liegen, dass man nicht in der Lage ist, sich wirklich verständlich zu machen. Oder – ebenso möglich – man kann sich durchaus verständlich machen, hat aber mit dem dominanten Partner nicht die passende Wahl getroffen.

Vergleicht man also die Lebenspartner miteinander – auch diejenigen, mit denen man nicht unbedingt verheiratet gewesen ist –, wird man viele, viele Unterschiede finden. Richtig interessant hingegen sind die Gemeinsamkeiten. Denn sie verraten, wonach man sucht und sich sehnt. Und somit verraten sie einem viel über sich selbst.

Teil 3
Was Sie auf sich zukommen lassen

Ja, ich gebe zu, ich gehöre zu denen, die eine ganze Weile laut herausposaunt haben, dass sie nie wieder heiraten würden. Auf keinen Fall! Obwohl ich mich in meiner neuen Beziehung wohlgefühlt habe, angekommen bin, zufrieden leben konnte. Es gab für mich viele Gründe, nicht noch einmal zu heiraten. Der gravierendste war, dass ich mich irgendwie schämte für meine »gescheiterte« Ehe und vermutet habe, alle anderen um mich herum würden von mir erwarten, dass ich nun eines Besseren belehrt sei. Glückliche Brautpaare betrachtete ich zuweilen voller Zynismus. Wie kann man nur so blauäugig sein? Weiße Kleider und gravierte Ringe und Flitterwochen – das alles schien mir wie ein glamouröser Prolog für ein anschließendes Trauerspiel.

Mein Lebensgefährte nahm es mit Geduld, zum Glück. Und die hat sich gelohnt. Denn irgendwann veränderte sich etwas. War ich es? War es das Verhältnis zu meinem geschiedenen Mann? Oder die Liebe zu meinem neuen Partner? Das Verhältnis meiner Kinder zur veränderten Lebenssituation? Wenn ich das so genau wüsste … Es gab keinen Hebel, der von einem Moment auf den anderen umgelegt wurde und aus einem »Nein danke« ein »Ja bitte« gemacht hat, denn dazwischen hieß es lange Zeit auch »Vielleicht«.

Die Recherche für dieses Buch hat mir erheblich auf die Sprünge geholfen. Insbesondere die ausführlichen persönlichen Gespräche mit Männern und Frauen, die ich bislang eher statistisch durch die Auswertung des Fragebogens »kennengelernt« hatte. Sie erzählten mir gern und voller Freude von ihrem Leben, vom Unglück der ersten Ehe und dem umso wertvolleren Glück in der zweiten. Ich hatte damit gerechnet, sehr vernunftbetonte und sachliche Antworten auf meine Fragen zu bekommen, stattdessen begegneten mir eine Menge wunderbarer, tiefer Gefühle.

Kann ein zweiter Heiratsantrag, eine zweite Hochzeit überhaupt romantisch sein, wollte ich wissen? Oh ja! bestätigten mir alle aus ganzem Herzen. Das hat mir persönlich sehr, sehr gutgetan.

Die zweite Ehe aus Liebe einzugehen und voller Zuversicht ein Ja zu sagen beinhaltet einen ganz besonderen Wert. Diese Erkenntnis beflügelt geradezu. Auf einmal konnte ich voller Begeisterung meine zweite Hochzeit planen, mit allem Drum und Dran. Ich durfte und wollte mich auf meine neue Ehe freuen.

»Da hast du dich vor ein paar Jahren aber noch ganz anders angehört«, reagierten meine Freunde und Verwandten, als sie die Einladung in den Händen hielten. Doch das war mir nicht peinlich, ich fühlte mich nicht ertappt. Ich habe gelächelt und gesagt: »Ja, stimmt. Schön, dass ich das jetzt anders sehe. Kommt ihr?« Und sie waren alle da. Haben mit uns gefeiert. Haben uns Glück gewünscht. Ein großartiges Gefühl!

Insa & Tim
und die Zukunft

Ein dreiviertel Jahr ist vergangen. Neun Monate, in denen es den üblichen Stress in der Agentur gab, eine Lehrstelle für Tims Sohn, die Einschulung von Insas Tochter Merle, ein verregneter Urlaub im Schwarzwald und die kurzfristige und inzwischen verworfene Idee, ein Haus zu kaufen.

Und dann passierte dieser Arbeitsunfall, zum Glück nichts Schlimmes, Tim hat sich in der Werkstatt das Schlüsselbein gebrochen und liegt in der Klinik. Er bittet Insa, ihm ein paar Versicherungssachen herauszusuchen, sie sind in seinem Schreibtisch.

Insa kramt. Tims ausgeprägter Ordnungssinn ist von Vorteil, die Papiere liegen, wo sie sein sollen. Aber was ist das dahinten in der Schublade? Insa ist nicht der Typ, der in den Sachen anderer herumwühlt, aber dieses kleine Kästchen kommt ihr bekannt vor. Er hat es nicht zurückgegeben, sondern an einem sicheren Ort verstaut.

Insa lässt sich auf seinen Schreibtischstuhl sinken. Ihr bleibt die Luft weg. Es ist ähnlich wie damals, als sie das Kästchen auf dem Esstisch neben dem Champagner hatte liegen sehen. Herzklopfen, Anspannung, Atemlosigkeit. Und doch ist es völlig anders. Sie stellt sich etwas vor. Sieht sich vor dem inneren Auge in einem schönen Kleid und Tim in einem Anzug daneben, die Kinder ringsherum. An ihrem Finger steckt ein Ring.

Was für ein alberner Tagtraum, pfeift sie sich selbst zurück.

Ich bin zu alt und zu realistisch, um romantischen Wünschen von harmonischen Hochzeiten nachzuhängen. Aber dennoch …

Als sie sich umschaut, sieht sie das Foto auf Tims Schreibtisch. Ein witziger Schnappschuss aus dem ersten Urlaub als komplette Patchworkfamilie. Merle sitzt auf den Schultern ihres großen Stiefbruders Felix. Tim und Lukas machen sich gegenseitig Hasenohren. Und Insa sieht glücklich aus. Zweifelsohne. Obwohl es an dem Tag wie aus Kübeln gegossen hat. Und anschließend gab es einen Riesenkrach, weil irgendjemand einen Schokofleck auf der Tapete der Ferienwohnung hinterlassen hat.

Und gerade die Erinnerung an diesen Streit rührt etwas in Insa an. Mehr als der zufriedene Augenblick auf dem Foto. Es sind die Fetzen geflogen damals, jeder hat jedem die Schuld in die Schuhe geschoben, wie das so ist. Der blöde braune Fleck hatte sich dann ganz problemlos abwaschen lassen, aber der Haussegen hatte noch bis zum Abend schiefgehangen. Und dann waren sie im eiskalten See schwimmen gegangen und hatten wieder Spaß, weil jeder die dickste Gänsehaut zeigen wollte. Der Riesenkrach war vorbei gewesen und hatte keine Wunden hinterlassen. Sie konnten so eine Sache wegstecken.

Diese Erkenntnis macht Insa weich, wo sie bislang Härte zeigen wollte. Wir haben eine Zukunft, denkt sie. Warum habe ich mich bislang immer auf die Vergangenheit berufen, wenn ich in einer wunderbaren Gegenwart lebe, die eine Zukunft verdient hat?

Die Versicherungsunterlagen steckt sie in die Handtasche, das Kästchen auch. Dann fährt sie zu Tim in die Klinik und freut sich wie ein kleines Mädchen.

Insa: Ich hab was mitgebracht.
Tim: Gut, du hast die Unterlagen gefunden! Und … oh …
Insa: Ich hab es noch nicht aufgemacht.

Tim: Das war mir klar. Warum bringst du es denn ausgerechnet jetzt mit.

Insa: Auf einmal hat mich das Kästchen nicht mehr ängstlich gemacht.

Tim: Sondern?

Insa: Neugierig!

Tim: Und jetzt? Guckst du, was drin ist? Vielleicht ja nur ein Plastikteil aus dem Kaugummiautomaten ...

Insa: Und wenn schon. Wäre auch okay! Da gibt es Wichtigeres.

Tim: So? Und das wäre?

Insa: Ob du mich heiraten willst.

Tim: Du fragst mich?

Insa: Vielleicht hast du es dir ja inzwischen anders überlegt.

Tim: Quatsch! Ich ... Nein! Also ich meine, ja!

Insa: Was denn nun?

Tim: Ich meine: Nein, ich habe es mir nicht anders überlegt. Warum sollte ich auch. Zwischen uns ist alles, wie es sein sollte, und meine Entscheidung war schon vor neun Monaten gut durchdacht. Und ich meine: Ja, ich will dich heiraten!

5. Die Zukunft: Was will ich eigentlich?

Dieses Mal soll es besser ausgehen! Der Wunsch ist verständlich und scheint auch erfüllbar zu sein, immerhin fühlen sich die meisten in ihrer zweiten Ehe wesentlich wohler als beim ersten Versuch.

Fühlen Sie sich in Ihrer neuen Ehe wohler?
76 % auf jeden Fall
16 % im Großen und Ganzen
4 % genauso
4 % nein, schlechter

Doch der Wunsch ist sehr allgemein gehalten. Was genau muss denn anders sein, damit es dieses Mal besser wird? Was man nicht will, ist oft konkreter als das, was man will. Zerplatzte Zukunftspläne erschweren es zusätzlich, die eigenen Wünsche zu benennen. Was, wenn sie wieder unerfüllt bleiben?

Ja, was würde das konkret bedeuten? Im Grunde nicht mehr und nicht weniger als das Eingeständnis, dass man seine Ansprüche zu hoch angesetzt hat. Und dieser »Gefahr« kann man gelassen begegnen, denn sie ist gar keine. Die Möglichkeit, dass alles hundertprozentig so wird, wie wir es uns wünschen, ist dermaßen winzig, dass sie außer Acht gelassen werden sollte.

Die Kunst besteht darin, mit den richtigen, mit vernünftigen Erwartungen in die zweite Ehe zu gehen. Keine Luftschlösser mehr, keine Illusionen von ewiger Verbundenheit oder den ständig flatternden Schmetterlingen. Stattdessen sollte man die kleinen Schätze der Liebe finden und bewahren: Vertrautheit, gegenseitige Wertschätzung und Unterstützung, Zuneigung ohne Anspruch auf ständige Erwiderung – und vieles, vieles mehr.

Wer glaubt, die neue Ehe ist das Pflaster auf die Wunden, die einem die Scheidung zugefügt hat, sollte sich noch Zeit lassen. Wer aber erkannt hat, dass die schmerzvollen Erfahrungen nötig gewesen sind, um nun unter anderen Voraussetzungen wieder ja zu sagen, der wird eines Tages merken: Jetzt bin ich so weit!

Männer und Frauen, deren erste Ehe geschieden wurde, bringen einen großen Vorteil mit: Durch ihre realistische Sicht der Dinge, die sie mit der ausführlichen Aufarbeitung des Erlebten erhalten, gewinnen sie eine innere Gelassenheit. Sie wissen, das Leben lässt sich nicht von A bis Z planen, also ist es müßig, sich darüber aufzuregen, wenn etwas nicht so läuft, wie man es gern hätte.

Auswirkungen der Erfahrung auf das Verhalten in der neuen Ehe

positiv

66 % Ich bin ehrlicher
60 % Ich bin gelassener
46 % Ich bin konfliktfähiger
46 % Ich bin mutiger

negativ

7 % Ich bin verschlossener
7 % Ich bin ängstlicher
5 % Ich bin eifersüchtiger

So halten sich die meisten in zweiter Ehe Lebenden aufgrund ihrer Erfahrung für konfliktfähiger, ehrlicher und mutiger – und haben so die besten Voraussetzungen für das Gelingen einer Partnerschaft.

Dagegen stehen jedoch die Statistiken, nach denen eine Zweitehe einem doppelt so hohen Scheidungsrisiko ausgesetzt ist.

Und müsste eine schlechte Beziehungserfahrung den Menschen nicht eher ängstlich machen? Misstrauisch? Überempfindlich bei Streit und Konflikt? Tatsächlich haben nur wenige bei meiner Umfrage angegeben, dass sich ihr Beziehungsverhalten durch die Trennung negativ entwickelt hat.

Das ist eine Aussage, die hoffen lässt. Aber was genau bedeutet das eigentlich – Hoffnung?

Das Konzept Hoffnung

> Die zweite Ehe ist
> der Triumph der Hoffnung
> über die Erfahrung.
> (Samuel Johnson, 1709–1784,
> Schriftsteller)

Lange schon beschäftigt sich die Psychologie mit den Gründen, warum es Menschen schlecht geht, warum sie Ängste, Zweifel oder Beziehungsprobleme haben. Doch erst seit den 1990er Jahren untersucht die Wissenschaft auch endlich die positiven Gefühle und geht der Frage nach: Warum schaffen so viele Menschen die Herausforderungen des Lebens? Weshalb stehen sie wieder auf, wenn sie am Boden zerstört waren?

Sind sie unverbesserlich? Treibt sie der Optimismus? Oder motivieren sie sich durch positives Denken?

Die eigentliche Zauberformel für das Gelingen ist ein alter Begriff, der ebenso abstrakt und doch fast abgenutzt daherkommt wie »Glaube« oder »Liebe«. Es ist die Hoffnung. Sie wird als ein grundsätzliches Lebenskonzept beschrieben, bei dem wegbereitendes Denken maßgeblich das Handeln und Fühlen bestimmt. [37] Hoffen bedeutet mehr als nur zu sagen: »Das wird schon gutgehen.« Hoffen bedeutet: »Ich werde mein Bestes geben, *damit* es gutgeht.«

Vergleiche haben erwiesen, dass Hoffnung das erfolgversprechendste Konzept ist. Sportler, die sich hoffnungsvoll auf einen Wettkampf vorbereiten, schneiden im Durch-

126

schnitt besser ab als solche, die weniger zuversichtlich mit dem Sieg rechneten. Dasselbe gilt für das Schul- und Berufsleben: Wer auf dem Weg zum Ziel guter Dinge ist, bei dem ist die Wahrscheinlichkeit, selbiges zu erreichen, höher als bei dem, der das Ganze als Plackerei betrachtet. Und dabei muss die Begabung nicht mal ausschlaggebend sein. Die hoffnungsbegabten Leichtathleten, Schüler, Studenten und Berufstätigen verfolgen ihr Ziel strategischer, trainieren ausgewogener und neigen kaum dazu, sich zu viel oder zu wenig zuzumuten. Ähnlich verhält es sich bei Kranken: Diejenigen, die die Hoffnung auf Genesung nicht aufgeben, halten sich strikter an Behandlungspläne, können besser mit Schmerzen umgehen und werden oft schneller wieder gesund. Der Dichter Gottfried Keller wusste schon vor mehr als 100 Jahren: »Es ist gesünder, zu hoffen und das Mögliche zu schaffen, als zu schwärmen und nichts zu tun.«

Übertragen auf das Beziehungsleben bedeutet das: Wer bereit ist, intensiv an der Partnerschaft zu arbeiten, auch wenn es mal anstrengend wird, der wird auch die kleinen und größeren Rückschläge in Kauf nehmen. Wohl wissend, das sie dazugehören, wenn man das eigentliche Ziel erreichen will: Eine stabile Ehe, in der beide zufrieden leben können.

Und als wäre das nicht schon eine tolle Sache, gibt die Hoffnung auch noch ein paar Extraboni in Sachen Liebe dazu: Fairness und Produktivität statt Rachsucht und Verbitterung – das vorwärts gerichtete, handlungsbezogene Denken befreit uns von dem Drang, sich von negativen Erfahrungen ausbremsen zu lassen. Hoffnungsvolle Menschen betrachten ihr Leben als sinnvoll, die Hoffnung auf das Gelingen macht bereits zufrieden, bevor man das eigentliche Ziel erreicht hat. Und das schützt vor Depressionen und nagenden Selbstzweifeln, macht offen für andere Menschen, seien es Freunde, Angehörige oder der Partner. Nicht das eventuelle Scheitern steht im Zentrum des Denkens, sondern die Vorfreude auf das mögliche Gelingen. Und diese Vorfreude gibt Kraft, Elan und Lebensmut.

Hoffnung ist nicht die Überzeugung, dass etwas gut ausgehen wird, Hoffnung ist vielmehr die Gewissheit, dass etwas Sinn hat, egal wie es ausgeht. [38] Hoffnung scheint also tatsächlich so etwas wie ein Wundermittel zu sein. Aber wo findet man sie?

Das Tolle an der Hoffnung ist, man kann sie erlernen. Sie ist also weder angeboren noch anerzogen, sondern kann erworben werden. Je früher, desto besser, klar, aber auch Menschen in der Lebensmitte und darüber hinaus können sich ganz bewusst für eine optimistische und positive Lebenseinstellung entscheiden. Das fängt mit den Zielen an, die man sich steckt. Diese sollten vernünftig und angemessen sein.

»Meine neue Ehe muss halten, bis der Tod uns scheidet. Und sie soll glücklich und friedlich sein!« Das klingt verheißungsvoll, ist aber kaum ein Ziel, welches wirklich zuversichtlich stimmen wird, hat man doch selbst bereits die Erfahrung gemacht, dass sich Dinge anders entwickeln können und alle Hoffnungen begraben werden müssen. Und die Enttäuschung trifft tief.

Prognosen an die 2. Ehe

11 % Ich glaube, es geht schief

30 % Ich glaube, es geht gut

59 % Ich stelle keine Prognosen

»In meiner Ehe möchte ich jeden Tag aufs Neue ja zum anderen sagen können. Und wenn mir das schwer fällt, so möchte ich den Grund dafür suchen, auch wenn es weh tut.« Dieser Wunsch hat das Potential, erfüllbar zu sein. Er stimmt zuversichtlich und macht Lust darauf, das Wagnis einzugehen.

Auch wenn dabei der Unendlichkeitsanspruch fehlt. Die Liebe für immer und ewig ist als realistisches Ziel untauglich. Ein Wunsch darf sie selbstverständlich bleiben. Die meisten Partner haben ihre zweite Ehe geschlossen, ohne Prognosen zu stellen. Ob es gut geht oder nicht, ob man zusammenbleibt oder sich irgendwann wieder trennen wird, das tut vorerst nichts zur Sache.

Die Hoffnung beschäftigt sich nicht mit der Möglichkeit des Scheiterns, sondern mit der Aussicht auf Erfolg. Sie wertet jeden Tag, an dem man wieder ja zueinander gesagt hat, als einen Gewinn. Und jeden Tag, an dem man eine Krise zu bewältigen hat, als eine Herausforderung, die man gern auf sich nimmt, weil sie dazugehört. Es soll nachweislich zu den schönsten aller Gefühle zählen, wenn man spürt, ein Ziel erreicht zu haben oder auf dem besten Weg dorthin zu sein. Und gute Gefühle stärken und lassen einen nicht so schnell verzweifeln, wenn es dann doch mal nicht geklappt hat.

Also alles ganz einfach? Alles eine Frage der positiven Einstellung und der vernünftigen Ziele? Man muss nur das Richtige richtig wollen – und fertig? Jein. Die hoffnungsvolle Grundeinstellung ist natürlich nur die halbe Miete. Die andere Hälfte setzt sich zusammen wie ein Mosaik kleiner Erkenntnisse, die jeder für sich selbst erlangen muss. Und wieder kann man hier die vorangegangene Scheidung als Vorteil sehen, denn man lernt sich selbst selten besser kennen als in einer Krisensituation. Auf sich allein gestellt, losgelöst vom alten Partner und auch oft von Freunden und Familien, gewinnt man eine Perspektive, aus der man sich selbst nur selten betrachten kann. Wo ist man belastbar? Wovor fürchtet man sich? Was ist einem wichtig? Und was will man nie wieder so erleben müssen?

Gestatten, ich bin ich

Wer sich selbst nicht mag, dem fällt es schwer, jemand anderen zu lieben. Entweder, weil er den Partner in erster Linie dazu braucht, das Selbstwertgefühl aufzupolieren, oder weil er sich als Einheit mit ihm sehen will, als Symbiose, damit die eigene Unvollkommenheit nicht mehr so weh tut. Wer sich selbst nicht kennt, dem fällt es schwer, auf andere einzugehen. Wer sich selbst nichts gönnt und keine Großzügigkeit für die eigene Person zeigt, hat noch weniger für seine Mitmenschen übrig. Wer also ernsthaft an einer stabilen Beziehung interessiert ist, sollte es auf Dauer auch mit sich selbst aushalten können, sich mögen, selbst-bewusst im wahrsten Sinne des Wortes sein.

Menschen, die sagen, sie würden dieses oder jenes am liebsten mit sich selbst ausmachen, haftet etwas Verschrobenes an. Kommunikation wird als das Allheilmittel bei wichtigen Problemen gesehen. Wenn der Schuh drückt, holt man sich Hilfe bei Freunden, der Familie oder sogenannten Experten, die sich damit auskennen. Bis zu einem gewissen Maße ist das auch der richtige Weg. Doch man läuft auch Gefahr, die innere Stimme zu überhören, die vielleicht selbst ganz gut in der Lage gewesen wäre, eine Antwort auf drängende Fragen zu bieten.

Insbesondere in der Krise erkennt man aber, dass jeder letzten Endes auf sich gestellt ist. Eigene Entscheidungen müssen gefällt und tiefe Sinnkrisen für sich allein bewältigt werden. Selbstverständlich ist es gut, sich beraten zu lassen oder mit anderen auszutauschen, um die Angelegenheit objektiv zu betrachten. Nicht selten stellt sich dabei heraus, dass der einzige Mensch, auf den man sich in jedem Fall verlassen kann und muss, man selbst ist.

Diese Erfahrung kann beängstigend sein und das Gefühl

der Einsamkeit zu einem traumatischen Erlebnis werden lassen. Doch nur einen Schritt weiter wartet eine überraschende Erleichterung: Ich halte das aus! Ich bin stärker als gedacht! Mir ist etwas zuzumuten! Ich bin gar nicht so schlecht!

Die Chance sollte man nutzen und sich spätestens jetzt mit sich selbst anfreunden. Eine seltsame Aufforderung, zugegeben. Aber wer sich intensiv mit der eigenen Person beschäftigt, wird in sich einige verschiedene »Ichs« entdecken, die oft gar nicht einer Meinung sind. Vernunft und Gefühl konkurrieren miteinander, genau wie Angst und Neugierde, Individualität und der Wunsch nach Zweisamkeit. Jeder Mensch steckt an jedem Tag im inneren Zwiespalt. Oft ist man froh, wenn von außen ein Berater zu wissen scheint, was richtig oder falsch ist. Doch es lohnt sich, ebenso bei sich zu bleiben, mit sich selbst eine Lösung zu verhandeln und dadurch ein Stück weit zu verstehen, warum man so ist, wie man ist. Weshalb es einem beispielsweise schwer fällt, Nähe zuzulassen oder auf Distanz zu gehen. Es ist spannend, Vertrauen zu sich selbst zu fassen. Man lernt nein zu sagen, wenn man etwas nicht will. Es fällt leichter, um das zu bitten, was man für sich braucht. Eine gewisse Gefühlssicherheit und ein gesundes Selbstbewusstsein zeigen in Zeiten der Orientierungslosigkeit den passenden Weg, wahrscheinlich besser als jeder Psychologe, jeder gute Freund und auch jedes Ratgeberbuch.

Woran es nur leider oft hapert, ist die Zeit, die man mit sich selbst verbringt. Warum fällt es eigentlich vielen so schwer, auch mal mit sich allein zu sein?

Langeweile hat leider einen sehr negativen Klang und Müßiggang wird als Faulheit gewertet. Deswegen neigt man schnell dazu, übertriebenen Aktivismus zu zeigen. Alles muss irgendwie produktiv sein, auch die Zeit, die man mit sich selbst verbringt. Da wird dann gejoggt oder im Garten gearbeitet oder musiziert, nebenbei hängt man seinen Gedanken nach. Das ist zwar schon mal besser als nichts, doch kann man es durchaus auch mal mit dem schlichten Nichtstun probieren. Einfach den Blick nach innen richten, auf die eigene Stimme hören, sich selbst nachfühlen.

Wem davor graust, wer das für sterbenslangweilig oder überflüssig hält, könnte tatsächlich ein Problem mit sich haben. Da ist vielleicht Angst vor den eigenen Gefühlen, weil sie weh tun könnten oder dem widersprechen, was der Verstand vorgibt. Mit sich selbst ist es nämlich nicht unbedingt einfacher als mit einem anderen Menschen: Es gibt Seiten, die wir mögen und solche, die wir nicht leiden können.

Schlimmer noch, wenn man sich auf die Suche nach sich selbst macht und nichts mehr findet. Vor lauter Geschäftigkeit und Bemühen, alles richtig zu machen, hat man den eigenen Kern verloren. Dann schält man alle Einflüsse von außen ab – die Ansprüche, die an einen gestellt werden, die Bilder, die andere von einem haben –, lässt alles wegfallen wie die Schichten einer Zwiebel, und plötzlich ist gar nichts mehr übrig. Man hat jemanden verloren, der einem sehr nahegestanden hat – aber zum Glück nicht unwiederbringlich.

Freundschaft mit sich selbst bedeutet, dass man sich nimmt, wie man ist. Dass man gute und weniger gute Eigenschaften an sich akzeptiert, großherzig ist sich selbst gegenüber und trotz aller Macken gern Zeit mit sich verbringt.

Der große Vorteil, wenn man sich selbst wohlgesonnen ist: Man macht sich unabhängig von der Bewertung anderer und muss es niemandem mehr recht machen. So tappt man weniger schnell in die Falle, sich nach den Wünschen und Vorstellungen anderer zu richten. Man reagiert kritischer auf Pseudo-Ratschläge, wie etwas zu sein oder nicht zu sein hat. Und es spart eine Menge Energie, die sonst verwendet wird, um Dinge zu tun, für die man eigentlich nicht bereit ist. Das hat nichts mit Selbstgerechtigkeit oder Egoismus zu tun. Sondern mit einem tiefen Verständnis für sich selbst. Und davon wird in jedem Fall die neue Partnerschaft profitieren.

Aber was ist, wenn sich beim Blick in den Spiegel dieses Verständnis einfach nicht einstellen will? Natürlich stimmt es nicht immer zufrieden, was man da sieht. Dieselben Macken, dieselben Unzulänglichkeiten, dieselben Stolpersteine auf dem Weg in eine bessere Partnerschaft und ein zufriedenes Leben. Immer noch entdeckt man an sich den Hang zur Eifersucht oder die Unfähigkeit, Verantwortung zu übernehmen. Das hat damals schon zum Desaster geführt, warum also sollte es jetzt anders sein? Man kann sich auf einen neuen Partner einlassen – schön und gut –, aber man selbst bleibt doch zum großen Teil der Alte. Und das kann ganz schön entmutigend sein.

Muss es aber nicht. Denn die Binsenweisheiten, dass sich ein alter Baum nur ungern verpflanzen oder die Katze das Mausen nicht lässt, sind Sprüche für Menschen, die zu bequem sind, es zumindest mal zu versuchen.

»Ich will nicht bleiben wie ich bin!« – Du darfst!

Warum gibt es trotz Gesundheitsaufklärung und tausend Nikotinentzugsmethoden noch immer so viele Raucher? Weshalb schleppen die Menschen kiloweise Übergewicht mit sich herum, wo es doch unzählige Diätstrategien und Fitnessprogramme gibt? Kein Mensch will gern eifersüchtig oder geizig oder unordentlich sein, wenn er sich diese Eigenarten mal eben so abgewöhnen könnte. Schlechte Gewohnheiten wären doch längst ausgestorben – gäbe es da nicht diese Hürden, an denen man trotz guter Vorsätze immer wieder scheitert. Warum ist das so schwer?

Die Antwort darauf ist einfach und knapp: Gewohnheiten kommen nicht zufällig, sondern haben sich über lange Jahre als die vermeintlich beste Lösung herausgestellt. Mit relativ wenig Aufwand gelingt es immer wieder, durch bestimmte Verhaltensmuster einen gewissen Erfolg zu erzielen. Und meist dient diese »schlechte« Gewohnheit dazu, einen inneren und schmerzhaften Konflikt zu umgehen. Oder – wie es innerhalb einer Beziehung oft geschieht – man macht das eigene Problem zu dem des Partners.

Der Weg, den man hier wählt, ist meist schon eingefahren, fast automatisch fällt man in das Muster, welches sich langfristig als günstig erwiesen hat. Tatsächlich entwickeln sich sogar im Gehirn spezielle Neuronenverbindungen, die wie Schnellstraßen funktionieren, während die Steuerung unüblicher Verhaltensmuster eher dem holperigen Umweg einer wenig befahrenen Nebenstrecke gleicht. Es ist unbequem und anstrengend, sich auf einmal anders zu verhalten.

Der Prozess der Veränderung wurde im sogenannten »Transtheoretischen Modell« in sechs Stufen aufgeteilt. [39] Dieses Konzept wird in erster Linie in der Suchtforschung angewandt, lässt sich aber ebenso auf andere schlechte Angewohnheiten übertragen. Im Grunde sind Verhaltensmuster, von denen wir wissen, dass sie sich auf uns und unsere Umgebung negativ auswirken, an denen wir aber dennoch festhalten, ja so etwas wie eine Sucht.

Die Stadien der Veränderung

1. Stadium »Absichtslosigkeit« – die Person hat nicht die Absicht, etwas an sich zu ändern.

2. Stadium »Absichtsbildung« – die Person überlegt, irgendwann einmal etwas an sich zu ändern.

3. Stadium »Vorbereitung« – die Person plant konkret, bald etwas an sich zu ändern und plant die ersten Schritte in diese Richtung.

4. Stadium »Handlung« – die Person vollzieht die Veränderung bewusst und aktiv.

5. Stadium »Aufrechterhaltung« – die Person bleibt bei der Veränderung, auch wenn es sie immer wieder Überwindung kostet und Rückfallgefahr besteht.

6. Stadium »Stabilisierung« – es fällt der Person nicht mehr schwer, an der Veränderung festzuhalten, das neue Verhaltensmuster ist fester Bestandteil der Persönlichkeit geworden.

Traurig, aber wahr: Die meisten Änderungswilligen scheitern bereits vor oder in der 5. Phase. Das hat nicht unbedingt mit mangelnder Ernsthaftigkeit zu tun, sondern mit vielen anderen Faktoren: Der Raucher gönnt sich wieder eine Zigarette, weil er gerade ziemlichen Stress mit der Exfrau hat. Die Diät wird unterbrochen, weil die neue Schwiegermutter bei der Familienfeier darauf besteht, dass die Buttercremetorte probiert werden muss. Der Workaholic hat einen Rückfall, als es in der Firma gerade eine gefährliche Krise zu bewältigen gibt. Die Chaotin verliert die Übersicht, weil der Stift für den Terminkalender nicht angespitzt ist. Das Leben macht es einem nicht leicht, konsequent zu sein. Und der Frust über den Regelbruch ist groß – manchmal groß genug, um die guten Vorsätze vollends über Bord zu werfen.

Die Ungeduld kommt erschwerend hinzu. Warum dauert es so lange, bis ich beim Joggen die nötige Kondition habe? Bei aller Liebe – wann fällt es mir endlich mal leichter, einen Streit mit meinem neuen Partner zuzulassen? Das wird doch eh nichts! Das ist mir 'ne Nummer zu hart! So schlimm war ich früher doch eigentlich gar nicht, warum also der Aufwand? Ich schmeiß hin …

»Ich muss mich ändern« – diese Einstellung ist leider wenig erfolgversprechend. Das Ziel sollte für einen selbst positiv und stimmig sein, sodass ein »Ich *will* mich ändern« daraus wird.

Fürs Durchhalten braucht man tatsächlich handfeste Strategien. Und die kann man am ehesten entwickeln, indem man sich und seine »Macken« ins Kreuzverhör nimmt:

1. Nutzen: Wozu hat mir diese Eigenschaft bislang genutzt?
2. Wunsch: Warum will ich das ändern?
3. Schwierigkeit: Weshalb habe ich es bislang nicht geschafft, das zu ändern?
4. Pläne: Wie kann ich mir diese Veränderung beibringen?

Die drei berüchtigtsten Beziehungskiller Eifersucht, Verschlossenheit und Feindseligkeit im Kreuzverhör:

Eifersucht (damit zusammen hängen Kontrollsucht, Misstrauen, emotionale Erpressung)

Welchen Nutzen hat Eifersucht?

Hinter dieser Eigenschaft steckt die Angst, verlassen zu werden, gepaart mit mangelndem Selbstbewusstsein, das sich in einem übertriebenen Besitzanspruch niederschlägt. Wer eifersüchtig ist, verbietet oder verleidet es dem Partner, sich mit anderen Menschen zu treffen. In einer Beziehung kann sich das ganz gut manifestieren: um Ärger und Frust zu vermeiden, verzichtet der andere fast schon von selbst auf Kontakte, die sich für den Eifersüchtigen als problematisch darstellen. Also hat sich das Drohen oder Jammern »Wenn du da hingehst, dann ...« im Prinzip ausgezahlt. Das eigene Problem – die Angst vor dem Verlassenwerden – wurde zu dem des Partners, der die einseitig aufgestellten Regeln der Eifersucht nicht zu brechen wagt.

Warum will ich nicht mehr eifersüchtig sein?

Gerade die permanenten Zweifel an der Treue und Loyalität des Partners erweisen sich oft als selbsterfüllende Prophezeiung. Irgendwann wird dem anderen das Misstrauen zu viel und er sucht nach jemandem, der ihm mehr Vertrauen schenkt. Die Eifersucht, die vor dem Verlassenwerden schützen sollte, hat also genau dazu geführt. Entweder bedeutet dies, dass die Zweifel entsprechend berechtigt waren. Oder – wenn man die Trennung wirklich aufgearbeitet hat – man erkennt, dass Eifersucht eine zerstörerische Wirkung hat und für eine neue Beziehung wieder zum Risiko werden kann. Der Wunsch besteht darin, endlich ein festes Vertrauen in die Partnerschaft, in die gegenseitige Zuneigung zu finden und sich von der Sucht nach Kontrolle und Besitzanspruch zu lösen.

Worin besteht die Schwierigkeit?

Mit der Erfahrung einer gescheiterten Ehe im Gepäck fällt es Menschen mit Hang zur Eifersucht erst recht schwer, Vertrauen und Gelassenheit in der Beziehung zu entwickeln. Ihr Selbstwertgefühl kann zusätzlich gekränkt sein.

Welche Pläne sind angemessen?

Ein sinnloser Vorsatz ist: »Ich werde nicht mehr eifersüchtig sein.« Dieses Ziel ist zu hoch angesetzt, nicht realistisch und zudem noch negativ formuliert. Positive Ziele lassen sich besser erreichen – manchmal aber nur schwer formulieren. Zielführender ist es, bei auftauchender Eifersucht den Fokus nicht auf die vermeintlich gefährliche Handlung des anderen (»Meine Frau geht auf ein Klassentreffen und wird einer Jugendliebe begegnen.«) zu richten, sondern auf das Gefühl, welches diese Handlung in einem selbst auslöst (»Ich habe Angst, dass sie von jemandem angemacht wird und dann der Versuchung nicht widerstehen kann. Sie wird erkennen, dass andere attraktiver sind als ich.«). Darüber sollte man in der Beziehung offen reden können und wollen. Im Vorfeld – wenn das Problem gerade nicht akut ist – kann man auch eine Art Abmachung treffen, wie in solchen Fällen verfahren werden soll (»Meine Frau wird auf jeden Fall trotz meiner Sorge gehen können, wohin sie will. Meine Eifersucht ist dann mein Problem. Meine Frau kann nichts dafür, dass ich Verlustängste und ein mangelndes Selbstbewusstsein habe.«). Letztlich kann nur der jahrelange bewusste und vernünftige Umgang mit der Eifersucht dazu führen, dass sie sich als überflüssig und ausgedient erweist.

Verschlossenheit (damit zusammen hängen Entfremdung, Konfliktunfähigkeit, Desinteresse)

Welchen Nutzen hat Verschlossenheit?

Wer Schwierigkeiten hat, sich seinem Partner zu öffnen und den Einblick in das Gefühlsleben verweigert, hat oft Angst, angreifbar zu werden oder dem anderen zur Last zu fallen. Das Defizit betrifft nicht nur das Annehmen von Zuneigung, sondern auch die entsprechende Hingabe an den Partner. Intimität wird unmöglich. »Was ist nur los mit dir?« – »Nichts.« Diese Antwort erspart einem, dass über Dinge gesprochen wird, die weh tun, peinlich sind oder zu Streit führen könnten. Mit Liebesbekundungen wird gegeizt, Ärger über den Partner ebenso verschwiegen. Es kann keine wirkliche Nähe aufgebaut werden, und das ist das eigentliche Ziel des Verschlossenen: Wer sich emotional autark fühlt, kann schließlich von niemandem enttäuscht werden.

Warum will ich mich mehr öffnen?

Die ungesunde Distanz führt zur Entfremdung in der Beziehung. Irgendwann werden eben keine Fragen mehr gestellt, wenn ohnehin keine Antworten zu erwarten sind. Der Partner geht dann seinerseits auf Abstand und plötzlich ist man sich tatsächlich egal. Die Gleichung, dass die emotionale Sicherheitsstufe vor Verletzungen schützt, geht nicht auf. Der Wunsch nach Geborgenheit und gegenseitiger Aufmerksamkeit ist da – und er verträgt sich gar nicht mit dem distanzierten Verhalten. Eine erstrebenswerte Veränderung besteht darin, sich immer ein bisschen weiter zu öffnen, immer mehr von sich preiszugeben – und die Sicherheit zu haben, nicht zurückgewiesen zu werden.

Worin besteht die Schwierigkeit?

Verschlossene Menschen sind ungeübt darin, über sich zu sprechen oder emotional zu sein. Es erscheint ihnen anfangs peinlich und unbeholfen, was sie umso empfänglicher macht für Spott, Ablehnung oder Kritik.

Welche Pläne sind angemessen?

Ein sinnloser Vorsatz ist: »Ich werde ab jetzt immer sagen, was in mir vorgeht.« Dieses Ziel ist zu hoch angesetzt und nicht realistisch. Wer sich seinem Partner annähern will, begibt sich gefühlsmäßig erst einmal auf brüchiges Eis. Das ist bei jeder Beziehung so, nur kostet es den Verschlossenen weitaus mehr Überwindung, Schritt für Schritt auf den anderen zuzugehen. Es dauert wahrscheinlich wesentlich länger. Deswegen sollte die erste Etappe die sein, dem anderen lediglich zu sagen: »Wenn ich nicht gleich mein Herz vor dir ausschütte, hat das nichts mit dir zu tun. Ich werde mich aber nach und nach trauen.« So kann man weiter planen, peu à peu, heute ein »Ich mag dich sehr« und morgen erzählt man etwas über seine Kindheit. Wer dann erfährt, dass nichts Schlimmes passiert, dass er ernst genommen wird, seine Komplimente erfreuen und die Lebensgeschichte interessiert, dem werden die weiteren Schritte immer leichter fallen. Und das Eis wird sich als tragbar erweisen.

Feindseligkeit (damit zusammen hängen Missgunst, Misstrauen, Missachtung, Misshandlung)

Welchen Nutzen hat Feindseligkeit?

Die verwandten Eigenschaften, die alle mit derselben Silbe beginnen, lassen es erahnen: Feindseligkeit ist eine Missempfindung. Wer den eigentlich geliebten Partner herabzusetzen versucht, ihm nur mit Vorwürfen begegnet statt mit Lob oder Achtung, zudem noch neidvoll reagiert auf dessen Erfolg oder Wohlergehen, der hat seinerseits das Gefühl, dass die Umwelt ihm feindeselig begegnet. Unzufriedenheit im Beruf oder mit der Rolle in der Gesellschaft, unversöhnliche Kindheitserinnerungen führen dazu, dass man sich vom Leben ungerecht behandelt fühlt und den Menschen mit grundsätzlichem Misstrauen begegnet. Auch dem Partner. Die unterschwellige oder auch offene Aggression steht immer an erster Stelle, positive Gefühle wie Liebe kommen meist gar nicht zum Zug. Die Feindseligkeit wird immer mit dem vermeintlichen Fehlverhalten der anderen gerechtfertigt. Letztlich braucht man sich auf diese Weise nicht mit der eigenen Unzufriedenheit auseinanderzusetzen – und erst recht keine entsprechenden Konsequenzen zu ziehen. Statt sich einen neuen Job zu suchen, nörgelt man lieber am anderen herum, weil dieser es sich angeblich immer viel zu einfach macht. Statt die Kränkungen der Kindheit aufzuarbeiten, zahlt man es lieber anderen heim, wenn man sich nicht wohl in der eigenen Haut fühlt. Wieder erkennt man das Muster, bei dem das eigene Problem zum Problem des Partners gemacht wird. Dieser ist nämlich ängstlich und eingeschüchtert darum bemüht, alles recht zu machen, was selbstredend so gut wie nie gelingt. Der Partner wird nun ebenfalls gekränkt, wird ungerecht behandelt und klein gemacht – was ihn über kurz oder lang ebenfalls feindselig werden lässt.

Warum will ich liebevoller werden?

Oft wird den Betroffenen nach einem Wutausbruch oder unangemessen aggressivem Verhalten klar, dass sie einen Fehler begangen haben. Die Folgen gehen vom schlechten Gewissen bis hin zum Selbsthass – und das verstärkt ihren Unmut immer weiter. Vielleicht wird auch irgendwann deutlich, dass der Grund für das Dilemma ganz woanders zu suchen ist und dringend gelöst werden muss, damit man nicht irgendwann auf eine Katastrophe zusteuert. Erfahrungsgemäß sind Paare, die sich feindselig begegnen, die längste Zeit ein Paar gewesen, meist steht die Trennung bevor.

Worin besteht die Schwierigkeit?

Leider haben es feindselige Menschen besonders schwer, sich zu ändern, da sie durch ihre Persönlichkeitsstruktur nicht dazu neigen, sich selbst kritisch zu hinterfragen. Immer sind es zuerst die anderen, die sich ändern müssen. Nach einer Trennung liegt meist eine zusätzliche Kränkung vor, neue schlechte Erfahrungen mit zwischenmenschlichen Beziehungen sorgen eher für eine Verschlimmerung ihrer problematischen Einstellung.

Welche Pläne sind angemessen?

»Ab morgen bin ich ein freundlicher Mensch.« An diesem Vorsatz wird man noch heute scheitern. Wichtig ist es, sich das eigene Handeln bewusst zu machen und die

Situationen, in denen man verletzend war, zu analysieren. Was hat an einem selbst genagt, dass man den Schmerz oder die Wut weitergeben musste? Hierüber sollte man »Buch führen«, um die Regel hinter dem eigenen Verhalten zu erkennen. »Immer wenn ich mich im Büro überfordert fühle, werfe ich meinem Mann vor, dass er faul und unfähig ist.« »In Momenten, in denen ich mich selbst nicht ausstehen kann, sage ich meiner Frau, dass sie fett und hässlich geworden ist.« Der zweite Schritt resultiert aus dem ersten: Wenn man die Ursache für das Missverhalten kennt, sollte man sie angehen. »Wie kann ich mich beruflich verändern, damit mir die Arbeit nicht über den Kopf wächst?« »Was steckt dahinter, dass ich mich selbst nicht leiden kann – und wie ändere ich diese Einstellung?« Wenn die Feinseligkeit dazu führt, den Mitmenschen Schaden zuzufügen, sei es nun seelischer oder körperlicher Art, dann darf man keinen Moment zögern, professionelle Hilfe aufzusuchen.

Veränderungen müssen nicht allein bewältigt werden. Den Gründen für schlechte Gewohnheiten kann man allein, mit Hilfe von Familie und Freunden, aber auch mit professioneller Beratung auf die Schliche kommen. Geduld, Ausdauer und Konsequenz sind vonnöten. Und zu hohe Erwartungen werden schneller zu tiefen Enttäuschungen. Wer sich selbst gut kennt, hat einen Vorteil.

Deswegen die gute Nachricht zum Schluss: Je älter man wird, desto leichter – ja, wirklich leichter – fällt es, sich zu verändern. [40] Man weiß sich besser einzuschätzen, kennt seine Ängste und Unfähigkeiten, aber auch seine Stärken und Talente. Die Gefahr, sich zu hohe, fast utopische Ziele zu setzen, wird mit wachsender Lebenserfahrung geringer. Man weiß um seine Kräfte und wird sich vernünftigerweise nicht zu viel auf einmal zumuten.

Ein junger Mensch hingegen lässt sich noch stärker von der Außenwelt beeinflussen, was richtig und machbar ist. Doch kluge Ratschläge und gut gemeinte Tipps nutzen eben nur wenig, wenn man etwas mit sich selbst auszumachen hat.

Am leichtesten fällt die Revision in eigener Sache, wenn sie an einem Wendepunkt in Angriff genommen wird. Bei Umzug oder Jobwechsel, Ruhestand oder einer neuen Beziehung wird eine Umstrukturierung des Alltags ohnehin nötig sein. Es ist sinnvoll, sich dann schon ein Bild zu machen, wie man in der neuen Rolle in einem neuen Leben zurechtkommen wird. Diese positive Vision ist der beste Ansporn. Da fällt es deutlich leichter, neue Prinzipien zu festigen, zum Nichtraucher, zum Sportler, zum guten Zuhörer zu werden.

Lebenserfahrung als nötiger Motivationskick – es ist nie zu spät, sich zu verändern. Es ist zwar beileibe kein Spaziergang, wenn man neue Wege einschlagen will. Doch wer schon mal in einer Sackgasse festgesteckt hat, muss ohnehin die Richtung wechseln, um weiterzukommen. Die Chancen stehen also gut, dass sich dies auch positiv auf die zweite Ehe auswirken wird.

Die Stärken stärken

Egal, ob man es schafft, die schlechten Gewohnheiten ad acta zu legen oder nicht, mindestens genauso wichtig ist es, die positiven Charaktereigenschaften zu pflegen und auszubauen. Wenn nicht sogar wichtiger. In der modernen Pädagogik ist das erste Ziel, die Stärken eines Schülers herauszuarbeiten und zu fördern, erst danach wendet man sich den

Schwächen zu und versucht, diese auszumerzen – mit nachhaltigem Erfolg. Wer sich gut fühlt, dem fällt es leichter, mit negativen Elementen umzugehen. Also sollte man im eigenen Beziehungsverhalten nicht nur nach dem suchen, was nicht funktioniert und Schwierigkeiten macht, sondern vielmehr nach dem, worin man richtig gut ist. Und diese bereits vorhandene Fähigkeit gilt es besonders zu forcieren.

Es ist wie beim Sport: Wem das Sprinten liegt, der tut gut daran, für den 100-Meter-Lauf zu trainieren, dann wird er am ehesten Erfolg haben. Versucht er sich im Marathon, kann mit derselben Anstrengung vielleicht nur ein mittelmäßiger Platz ergattert werden.

Wer also seine Stärken kennt, sollte sie für sich und die Beziehung nutzen, denn ein guter Zuhörer muss keineswegs zum unermüdlichen Ratgeber werden und ein verantwortungsvoller Mensch braucht nicht unbedingt wortgewandt zu sein.

Wenn man sich seiner Stärken bewusst ist, sollte man alles dafür tun, dass auch die Menschen, die man liebt, davon profitieren. Aber welche Fähigkeiten oder Empfindungen sind das?

Es sind die bekannten Tugenden. Dieser etwas altmodische Ausdruck trifft den entscheidenden Kern, denn Tugendhaftigkeit setzt voraus, dass man aus einer inneren Neigung Gutes tut. Nicht, weil man sich selbst Vorteile verspricht oder dazu gezwungen wird, sondern aus Überzeugung. Sechs Tugenden gelten als die wichtigsten Determinanten des Glücks, [41] sollen also zur Lebenszufriedenheit beitragen, und zwar unabhängig von Alter, Kultur und Geschlecht: Dankbarkeit, Hoffnung, Begeisterung, Bindung, Neugier und Humor.

Welche Rolle spielen diese doch recht abstrakten Dinge in einer Beziehung?

Dankbarkeit

Ein echtes »Danke« kann nur dann ausgesprochen werden, wenn eine Wohltat empfangen, ein Geschenk gemacht wurde, welches man so nicht erwartet und erst recht nicht eingefordert hat. Dankbarkeit in einer Partnerschaft ist meist ein Gefühl, welches auf Gegenseitigkeit beruht – beide Liebenden wissen die Achtsamkeit des anderen zu schätzen, nehmen sie nicht als selbstverständlich hin.

Wer in der Lage ist, auch für kleine Dinge dankbar zu sein, wird sich entsprechend reich beschenkt fühlen und nicht das stete Gefühl haben, vom Schicksal gebeutelt oder schlecht weggekommen zu sein. Solch einem Menschen fällt es meist überhaupt nicht schwer, anderen wohlgesonnen zu sein.

Hoffnung

Die zuversichtliche Lebenseinstellung – sie war schon ein paar Kapitel zuvor ein Thema – schafft eine entspannte und positive Stimmung zwischen den Partnern. Statt Luftschlösser zu bauen, plant man mit Verstand und Optimismus das gemeinsame Leben und hütet sich wohlweislich davor, die eigenen Wünsche zu unterdrücken oder in den Vordergrund zu stellen – also sind Misstrauen und Pessimismus überflüssig.

Begeisterung

Man kann füreinander schwärmen, nicht nur für den Partner, sondern auch für die Partnerschaft. Wir beide sind es wert! Wir sind etwas Besonderes! Es lohnt sich, uns beiden eine Chance zu geben!

Wer sich für etwas begeistert, der ist überdurchschnittlich interessiert und motiviert. Es kostet keine Anstrengung, sich für den anderen einzusetzen und zu engagieren.

Fast wie bei einem Hobby, auch hier investiert man Zeit, Geld und Nerven, ohne dass es einem als Verlust erscheint. Aufgerechnet wird nichts – weil es sich unterm Strich auf jeden Fall lohnt.

Bindung

Wir gehören zusammen. Dieser Satz klingt einfach und selbstverständlich. Doch für viele Menschen ist es das ganz und gar nicht. Obwohl man davon ausgehen sollte, dass jeder Mensch von Anfang an eine Bezugsperson hatte, ohne die man nicht heranwachsen konnte: Eltern, Kinder, Geschwister, Freunde, Kollegen, Partner. Wer eine sichere, nicht angstgebundene Bindung erleben durfte, dem fällt es leichter, sich zu einem Menschen zugehörig zu fühlen.

Natürlich hat die Bindung zwischen Liebenden eine ganz andere Qualität, denn sie ist sehr intim und zudem auf freiwilliger Basis getroffen worden. Wem es leicht fällt, hier einen Zusammenschluss zuzulassen, ohne Zweifel, Sicherheitsabstand oder übertriebene Nähe, der kann ganz gelassen auf ein sicheres Fundament bauen.

Neugier

Niemand weiß alles, niemand ist ein gemachter Mann oder eine gemachte Frau, keiner kann behaupten, am Ziel seiner Träume angekommen zu sein. Neugierige Menschen begreifen diese Erkenntnis als Herausforderung. Zum Glück gibt es immer noch etwas zu entdecken. Entspannung kann man schließlich nur erleben, wenn man zuvor gespannt auf etwas gewesen ist. Ein reges Interesse am anderen, aber auch am Rest der Welt wird immer für ausreichend Gesprächsstoff und Abwechslung im Zusammenleben sorgen.

Der letzten Determinante des Glücks – *Humor* – sei hier eine ausführlichere Betrachtung vergönnt, denn Humor in der Beziehung ist eine wunderbar leichte, entkrampfende und lohnende Sache.

Witz komm raus!

Begegnet man dem Leben mit einem lachenden Auge, kommen einem auch die Schwierigkeiten nur noch halb so schlimm vor. Das ist schon rein biochemisch zu erklären: Wenn wir uns amüsieren, wird im unteren Vorderhirn – wissenschaftlich gesprochen im *Nucleus accumbens* – das bekannte Glückshormon Dopamin ausgeschüttet. [42] Da Reaktionen in diesem Bereich unseres Denkzentrums auch für Belohnungsgefühle und Euphorie zuständig sind, kann ein guter Witz geradezu berauschen und somit ungewünschte Gefühle wie Frustration oder Wut ausgleichen, wenn nicht sogar übertrumpfen. Zudem öffnet das Lachen auch den unmittelbaren Zugang zu den Gefühlen, löst Blockaden und vereinfacht die Kommunikation mit anderen. Lachen ist schließlich ansteckend und ein freundliches Gesicht wird überall auf der Welt und auch schon von den kleinsten Kindern verstanden.

Humor bedeutet nicht, übertrieben sorglos oder oberflächlich zu sein und Ernsthaftigkeit auszuweichen. Vielmehr ist es eine äußerst angenehme Art, sich und seine Situation mit gesundem Abstand zu sehen und zu beurteilen. So kommt man manchmal zu Ansichten, die ohne Schalk im Nacken unentdeckt geblieben wären. Dies gilt insbesondere für unsere »schlechten« Seiten, die in den vorigen Absätzen als problembeladen beschrieben worden sind. Nimmt man den Humor-Filter, erscheint vieles nicht mehr so unerreichbar und verfahren. Der Eifersucht die lange Nase zeigen? Mit ein bisschen Übung kann das gehen, und man erkennt plötzlich, wie albern es aussieht, wenn man dem Partner heimlich nachspioniert wie ein James Bond für Arme.

Und die verdammte Verschlossenheit? Degradiert man zu einem fröhlichen Ratespiel, bei dem es auf die Frage: »Was hast du gerade für ein Problem?«, vier mögliche Antworten gibt, von denen drei einfach nur komisch sind: A – Ich versuche gerade, im Kopf eine neue Primzahl zu entdecken, B – Ich habe mein Lachen an der Supermarktkasse liegengelassen, C – Ich habe Botox in meine Lachfältchen gespritzt, D – Ich mache mir Sorgen, wovon ich die Steuernachzahlung finanzieren soll. Wer die richtige Antwort findet, bekommt einen Kuss und die Aussicht auf ein intensives Gespräch.

Selbst Feindseligkeit kann man bis zu einem gewissen Grad mit Humor begegnen – wie wäre es mit einem Boxsack, auf den man wahlweise die Gesichter von Chef, Partner, Schwiegermutter oder Exgatte klebt?

Natürlich muss es einem schon irgendwie liegen, auch über sich selbst oder über verquere Situationen lachen zu können, niemand wird über Nacht zum Komiker. Die Angst, dass die anderen *über* einen statt *mit* einem lachen, steht oft im Weg. Die verschiedenen Färbungen des Humors können auch zu Missverständnissen führen, nicht jedem liegt Ironie oder der derbschwarze Humor, mit dem man sich über Dinge lustig macht, die eigentlich eher zum Heulen sind. Doch die meisten Paare geben an, denselben Sinn für Humor zu haben und dies auch sehr wichtig für ihre Beziehung zu finden. Nun liegt es an den Partnern, inwieweit sie diese Übereinstimmung dazu nutzen, auch Unstimmigkeiten zu begegnen.

Es gibt tatsächlich so etwas wie eine erlernbare Technik[43], die die Humorfähigkeit fördert und sogar therapeutisch eingesetzt wird – warum also nicht auch im Beziehungsalltag? Humorforscher kommen auf drei bis vier Prinzipien, mit denen man als Normalsterblicher bei einer eigentlich unerfreulichen Begebenheit die besondere Komik herausarbeiten kann. Als Beispielsituation hier: Die Frau ist genervt, weil sie ihren Partner einfach nicht motivieren kann, etwas gemeinsam zu unternehmen. Eigentlich will sie ihm sagen, dass er sterbenslangweilig ist. Wie klingt dieser Satz – aufbereitet mit den Prinzipien des Humors?

1. *Übertreibung*
Wenn man aus einer Mücke einen Elefanten macht, wirkt der eigentliche Streitpunkt auf einmal absurd und lächerlich – und verliert somit den verletzenden Stachel: »Schatz, hier sind zwei Archäologen, die wollen mal nachschauen, ob sie zwischen dir und dem Sofa ein paar Mammutknochen ausgraben können.«

2. *Untertreibung*
Gegenteilig zur Übertreibung wird hier der Elefant zur Mücke gemacht und bei einem großen Thema die Luft abgelassen, bevor man platzt: »Dass du so gern zu Hause bist, werte ich mal als Kompliment an meine innenarchitektonischen Fähigkeiten.«

3. *Umkehrung*
Statt einer auf der Hand liegenden Lösung oder Forderung weicht man von der Norm ab und stellt stattdessen eine fast gegensätzliche Behauptung auf. Dies relativiert die eigentliche Bedeutung und erleichtert es dem anderen, auf den Vorwurf mit einem Lächeln zu reagieren: »Schatz, ich

werde mich heute Abend durch den Dschungel da draußen schlagen. Kannst du bitte hierbleiben und so lange auf unsere Topfpflanzen aufpassen?«

4. *Widersinn*
Man bringt zwei Themen, die eigentlich nichts miteinander zu tun haben, in einen Zusammenhang. Die Vermischung dieser Dinge ergibt eine verblüffende Pointe: »Wenn du nächste Woche deine neue Lebensversicherung abschließt, solltest du unbedingt auf den niedrigsten Beiträgen bestehen. Immerhin vermeidest du jedes Risiko, auf einer öffentlichen Straße in einen Unfall verwickelt zu werden.«

Zugegeben, das bedarf ein bisschen der Übung. Wahrscheinlich bastelt man an den ersten »schlagfertigen« Sprüchen eine kleine Ewigkeit herum.

Warum sollte man dies nicht gemeinsam praktizieren? Dann erledigt man Humortraining und Beziehungsfragen in einem Abwasch: Beide nehmen sich jeweils eine Sache vor, über die ganz gern und immer wieder mal gestritten wird, dann denken sie sich witzige Bemerkungen dazu aus. Wem fallen die meisten ein? Und hat der andere dann wiederum das Zeug, mit einem entsprechenden Spruch zu kontern? Viel Spaß dabei!

Ich will, was ich habe

Viel haben zu wollen, sollte nie das höchste Ziel sein. Menschen, die mehr Geld haben, als sie eigentlich brauchen, sind meist nicht glücklicher als andere. In einem Restaurant mit zu großer Auswahl auf der Speisekarte schmeckt es nicht unbedingt besser. Hundert Schuhe haben genauso wenig Einfluss auf die echte Zufriedenheit wie ein Fuhrpark feinster Oldtimer hinter dem feudalen Einfamilienhaus mit Pool. Tatsächlich macht Überfluss sogar unglücklich. Die scheinbare Möglichkeit, immer das Beste haben zu müssen, wenn man es nur richtig anstellt, wird auf Dauer zu einer grundlegenden Unzufriedenheit führen. Und – um zum Thema Liebe zu kommen – der Drang, den optimalen Partner an der Seite haben zu müssen, wird genau zum Gegenteil, zur Einsamkeit führen.[44]

Woran liegt das?

Nie war es so einfach, Menschen kennenzulernen, wie heute. Tausend Singles sind nur einen Mausklick entfernt. Menschen neigen immer mehr dazu, wenn sie eine Auswahl treffen können, nur das zu sehen, was sie noch nicht haben und was noch auf sie warten könnte – statt ihr Augenmerk darauf zu richten, was sie bereits bekommen haben. So surfen viele stundenlang im Internet auf der Suche nach einem Chatpartner, statt mit dem Partner zu reden, der im Nebenzimmer sitzt. Es könnte schließlich sein, dass irgendwo da draußen noch jemand zu finden ist, der besser passt.

Auf diese Weise entwertet man die Geschenke, die einem das Leben bislang gemacht hat. Man ist kein Mathegenie? Darüber kann man sich den Kopf zerbrechen – oder man freut sich stattdessen über die Leichtigkeit, mit der man Musikstücke komponieren kann. Zu Hause sitzen weder Heidi Klum noch Johnny Depp auf dem Sofa? Nun, warum sollten sie auch, das wäre eh ein bisschen eng, denn dort hat schon seit Jahren der liebenswerteste Lebenspartner Platz genommen.

Der Schlüssel zur Zufriedenheit ist aber nicht im World Wide Web zu suchen, nicht in der Schönheitschirurgie und auch nicht in den Villenvierteln der Stadt – sondern in einem selbst. Schminkt man sich diesen irrationalen Glauben ab, dass es die perfekte Beziehung gibt, erkennt man plötzlich, wie toll das Zusammenleben mit dem Menschen ist, der schon an der Seite steht. Man selbst ist schließlich auch nicht makellos. Oder geht es um die großen Gefühle? Nun, die nervöse Spannung beim ersten Date steht im Vergleich zu einer intimen Zweisamkeit wie Zuckerwatte gegen Bratkartoffeln! Aber was macht nachhaltig satt? Also – auf der Suche nach Zufriedenheit hat man besser schlicht und einfach umgedacht von »Ich will, was ich noch nicht habe« zu »Ich habe, was ich will«.

Zum Glück kein Happy End

Und sie lebten glücklich bis ans Ende ihrer Tage! Der klassische Schlusssatz im Märchen ist gar nicht so unrealistisch, es kommt nur darauf an, wie man »das Ende ihrer Tage« definiert. Es ist bei Aschenputtel und Co. nicht anders als bei uns: Eines Tages bleibt einer von beiden allein zurück. Entweder, weil der Prinz eine Jüngere kennenlernt, Aschenputtel sich selbst verwirklichen will – oder ihre gemeinsamen Tage durch den Tod eines Partners beendet werden. Wenn die Märchenpaare es schaffen, bis ans Ende ihrer Tage einigermaßen glücklich miteinander zu sein, ist das doch schon eine wunderbare Sache.

Lediglich die Geschichte mit dem »Happy End« ist fauler Zauber. Eine Liebesbeziehung wird nie glücklich enden, denn die unvermeidliche Trennung ist auf jeden Fall mit Trauer verbunden. Tatsächlich hindert der Wunsch nach einem Happy End sogar daran, glücklich zu leben. Wer die Endlichkeit mit ihrer Tragik auszuklammern versucht, bringt sich um etwas ganz Entscheidendes, nämlich im Heute zu leben!

Dies betrifft nicht nur die Perspektiven der Partnerschaft, Forscher haben darüber hinaus festgestellt, dass es auch sinnvoll ist, den eigenen Tod ins Leben zu integrieren. [45]. Die Tatsache, dass es jeden Tag zu Ende gehen kann, zieht einen natürlich erst einmal nach unten. Doch zu ändern ist sie nicht, also tut man gut daran, sich mit dem Gedanken zu arrangieren, vielleicht sogar anzufreunden. Dies bedeutet nicht, alles als sinnlos zu betrachten, weil es ja ohnehin bald vorbei ist. Sondern das Gegenteil: Jetzt und heute ist es wichtig, dem Leben Sinn zu geben, nicht irgendwann in ferner Zukunft, denn wer weiß schon, ob es die überhaupt gibt. Man verschiebt das Glücklich- und Zufriedensein nicht mehr auf später, und Sätze wie »Wenn die Kinder erst mal aus dem Haus sind, dann ...« oder »Jetzt müssen wir sparsam leben, aber wenn der Kredit erst mal abbezahlt ist, dann ...« werden aus dem Sprachgebrauch gestrichen. Zudem: Was soll man sich maßlos über Kleinigkeiten wie Regenwetter, Steuererhöhungen oder den Abstieg der Fußballmannschaft ärgern? Warum opfert man zu viel Zeit und Energie in eigentliche Nebensächlichkeiten wie beruflichen Ehrgeiz oder Wohlstand? Am Ende ist das alles gar nicht wichtig. Und das Ende kann schneller kommen, als man glaubt.

Übertragen auf die Partnerschaft bedeutet das: Irgendwann sind »unsere Tage« gezählt. Dann bleibt einer allein und blickt zurück auf die gemeinsame Zeit. Was soll er da sehen? Den Streit um die offene Zahnpastatube? Den Ärger, den man hatte, wenn's ums Geld ging? Oder die Anstrengung, die es gekostet hat, dem anderen alles recht zu machen?

Im Nachhinein wird es einem um jede vergebliche Liebesmüh leidtun und man muss sich mit der Frage auseinandersetzen, warum man nicht jede Stunde, jede Minute genutzt hat, füreinander da zu sein, statt gegeneinander zu agieren.

Im Hinblick auf die verschiedenen Beziehungsphasen, die man gemeinsam zu durchleben hat, bedeutet dies, eben nicht auf den Tag hinzufiebern, an dem man endlich den anderen von ganzem Herzen liebt, es keinen Streit mehr gibt und man – wie das Klischee es will – händchenhaltend auf der Parkbank sitzt. So lange kann und darf man nicht warten. Also wird man das Augenmerk darauf richten, in der bestehenden Phase Sinn und Erfüllung zu finden. Nichts soll auf später verschoben werden. Besonders nicht die Dinge, die den Partner betreffen. Ein Konflikt ist dazu da, gelöst zu werden – also spricht man ihn an, sobald er sich einem offenbart. Vielleicht gibt es dann einen Streit, ein paar Tränen, schlimmstenfalls sogar eine Trennung, aber bestenfalls eine Weiterentwicklung als Paar. Also los!

Eine Krise – sie kann Finanzen, Gesundheit, Beruf, Familie und alle anderen Lebensspielplätze betreffen – ist dazu da, überwunden zu werden. Das kostet Kraft und Nerven und eine Lösung ist nicht immer in Sicht. Aber sie hat auch meistens irgendwo einen Sinn, und den sollte man suchen, so bald wie möglich, damit man tatkräftig und handlungsfähig ist statt gelähmt und ohnmächtig.

Tatsächlich bereuen Menschen nämlich seltener die Dinge, die sie getan haben. Fehltritte und falsche Entscheidungen kann man sich im Nachhinein recht gut verzeihen. Langfristig hat man jedoch an dem zu knabbern, was man versäumt hat, als der richtige Zeitpunkt da war.[46] Weil man sich nicht getraut hat, zu lange gezögert hat, es unwichtig oder unpassend fand, auf Nummer Sicher gehen wollte oder meinte, morgen sei auch noch ein Tag. Diese verpassten Chancen sind es, die rückblickend als große Fehler erscheinen.

Die Erfahrung, sich für etwas ohrfeigen zu können, was man unterlassen hat, als die Gelegenheit günstig war, wird man höchstwahrscheinlich bereits im Laufe der Scheidung gemacht haben. Wäre ich doch schon eher gegangen ... Hätte ich doch damals die Paartherapie gemacht ... Aber nun ist es zu spät. Als Geschiedener weiß man ganz genau, wie oft man gern mal die Uhr zurückgestellt hätte, um etwas nachzuholen. Und dieses Wissen sollte einem nun, in der Gegenwart, eine Lehre sein.

Insa & Tim
und die Familie

Tim sitzt am Gartentisch, das Adressbuch vor ihm, den Stift in der Hand.

Die Einladungskarten sind schön geworden. Sommergelbes Papier und ein nettes Urlaubsfoto von ihm und Insa im Schwarzwald, damals, als es die ganze Zeit geregnet hat. Beide haben nasse Haare und Klamotten und über ihnen türmen sich Gewitterwolken, sie lachen aber um die Wette, als sei alles halb so schlimm. »Sonnenschein im Herzen« steht über dem Bild, darunter: »Wir werden heiraten«.

Er geht die Liste durch. Eltern, Geschwister, enge Freunde, Kollegen …

Auch wenn Insa wahrscheinlich denkt, er habe ein selten dickes Fell und Nerven wie Schiffstaue – es gibt eine Sache, die auch Tim unruhig werden lässt: Was werden seine nächsten Angehörigen sagen?

Alle sind sie damals von seinem ganz persönlichen Scheidungsdrama betroffen gewesen. Die Eltern haben mit gelitten, obwohl er ihnen das gern erspart hätte. Tims Schwester Pia hat sich seine Sorgen nächtelang angehört, immer wieder, am Telefon oder auch auf ihrer Couch. Sein bester Freund Markus wagte darüber hinaus auch, ihn mal zurechtzustutzen, wenn Tim sich allzu tief in dem Gewirr aus Verzweiflung, Wut und Angst verheddert hatte. Mutet er ihnen mit diesem neuen Glück vielleicht zu viel zu?

Die Einladung an seine Eltern will Tim persönlich überbringen. Und zwar heute. Jetzt gleich. Dann hat er es hinter sich. Tim setzt sich in sein Auto und grübelt die ganze Fahrt über, was wohl passieren wird. Ja, seine Eltern mögen Insa, ganz bestimmt. Und auch mit den Kindern kommen sie gut zurecht. Aber sie haben Sabine auch gemocht, in ihr Herz geschlossen, sie als Schwiegertochter angenommen und zum Familienmitglied gemacht. Werden sie in der Lage sein, das Ganze noch einmal zuzulassen?

Nein, Angst ist es nicht, die ihn zögern lässt, an seinem Elternhaus zu klingeln. Es ist eher zu vergleichen mit dem Gefühl, das ein kleiner Junge hat, der beim Fußballspielen die Scheibe des Nachbarn zerdeppert hat und nun daheim antanzt – wohl wissend, dass ihm die Eltern nichts krumm nehmen können –, aber bereits wieder mit dem dringenden Wunsch, im Garten kicken zu dürfen. Ja, so kommt er sich vor, mit seinen 45 Jahren …

Mutter: Tim? Was führt dich denn hierher?
Tim: Ich spiele den Postboten. Ist Vater auch da?
Mutter: Es ist doch wohl hoffentlich nichts passiert? Geht es euch und den Kindern gut?
Tim: Mutter …
Vater: Sohnemann! Schön dich zu sehen. Du hast Post für uns?
Tim: Der Umschlag ist nicht zugeklebt … Ich dachte, ihr macht den Brief jetzt gleich auf.
Vater: Da bin ich aber neugierig!
Mutter: Das ist aber eine hübsche Karte, wirklich … und … oh!
Vater: Oh!
Tim: Ja, ich dachte, ich lass es noch mal drauf ankommen … Oder besser gesagt: Wir!
Vater: So bald schon?

Mutter: In drei Monaten?

Tim: Ja, ich hoffe, ihr habt Zeit!

Mutter: Und ob wir Zeit haben! Ich muss nur dringend ein neues Kleid kaufen. Als Schwiegermutter muss man die Schönste sein!

Vater: Nach der Braut natürlich!

Mutter: Gegen Insa komme ich nie an. Sie ist eine so hübsche Frau. Was wird sie tragen?

Tim: Ein weißes Kleid wohl eher nicht …

Mutter: Prima, dann darf ich das ja! Wie schön …

Tim: Sind das die einzigen Probleme, die ihr habt?

Vater: Nein, ich habe noch eins – ich brauche unbedingt neue Schuhe.

Tim: Sonst nichts? Ist alles in Ordnung?

Vater: Ja, natürlich!

Mutter: Wir freuen uns sehr – ehrlich gesagt haben wir schon lange darauf gewartet.

Insa ist nervös, bekommt keinen Bissen herunter. Tim – wie immer ganz Optimist – hat hingegen einen gesegneten Appetit. Schließlich hat er seit gestern das Schlimmste hinter sich. Seine Eltern waren beglückt und sein Sohn Felix hat die Neuigkeit gelassen aufgenommen »Papa, du heiratest? Hast du dir das auch gut überlegt? Ja? Na dann … wann soll die Party steigen?«

Warum sollten also Merle und Lukas Ärger machen? Oder sogar dagegen sein? Schließlich wohnen sie alle schon seit einer ganzen Weile zusammen und die Stimmung ist die meiste Zeit harmonisch – nicht anders als in den meisten Familien auch. Trotzdem hat Insa regelrecht Lampenfieber – oder Prüfungsangst? Zwei Brötchen hat Tim ihr vom Bäcker mitgebracht, sie knabbert noch immer an der ersten Hälfte, als sei sie aus Leder. Lukas meckert herum, weil das Rührei nicht salzig genug ist. Merle hat schlecht geschlafen und von einem Riesen im Vorgarten geträumt, der ihr Fahrrad kaputtmacht. Stopp – heute ist nicht der richtige Tag, morgen vielleicht, oder nächstes Wochenende …

Tim scheint Gedanken lesen zu können. Er grinst sie kurz an, dann holt er Luft und …

Tim: »Eure Mama und ich wollen euch was sagen!«

Lukas: »Was ist denn jetzt schon wieder? Haben wir nicht richtig aufgeräumt?«

Insa: »Nein, etwas anderes, etwas …«

Tim: »… etwas Schönes!«

Merle: »Wir dürfen heute Abend länger aufbleiben?«

Insa: »Vielleicht. Aber was wir euch eigentlich sagen wollen: Tim und ich wollen heiraten!«

Lukas: »…«

Merle: »…«

Insa: »Warum sagt ihr nichts?«

Lukas: »Wollt ihr uns verarschen?«

Merle: »Ich dachte, es sei etwas Schönes!«

Insa: »Freut ihr euch nicht, dass wir heiraten wollen?«

Merle und Lukas: »Nein!«

6. Die Familie – Werden wir zusammenfinden?

Grundsätzlich liegt der Entschluss zu heiraten beim Paar selbst. Die freiwillige Entscheidung, dem Partner das Jawort zu geben, ist ein Recht, welches in unserem Kulturkreis niemandem mehr abgesprochen wird. Doch in der zweiten Ehe fühlt es sich anders an. Nicht wenige haben Bedenken, anderen von ihren Hochzeitsplänen zu berichten. Wie werden meine Nächsten darauf reagieren? Tatsächlich scheinen solche Sorgen nicht von ungefähr zu kommen, denn die Menschen, die sich vorher den Kopf darüber zerbrochen haben, lagen nicht falsch mit ihrem Unbehagen, bei ihnen gab es wesentlich häufiger Ablehnung statt Freude als bei Paaren, die sich darüber nicht den Kopf zerbrochen haben. Besonders wenn Kinder aus erster Ehe da sind. Diese sind nämlich nicht immer begeistert von der Aussicht, auf der Hochzeitsfeier des eigenen Vaters, der eigenen Mutter dabei zu sein.

Bedenken hatten

20 %
»Wie sage ich es meinen Angehörigen?«
bei 30 % waren die Angehörigen tatsächlich dagegen
(Vergleich: 7 % bei allen)

17 %*
»Wie sage ich es meinen Kindern?«
bei 66 % waren die Kinder tatsächlich dagegen
(Vergleich: 12 % bei allen)
*) von denen, die Kinder haben

Aber auch die nächsten Angehörigen, Familie sowie langjährige Freunde werden auf diese Neuigkeit anders reagieren als bei der ersten Hochzeitsankündigung. Dies liegt daran, dass auch sie sich durch die Trennung enttäuscht fühlten und in unmittelbare oder auch entfernte Mitleidenschaft gezogen wurden. Die Erinnerung an die alten Partner, an den Scheidungsprozess und die damit verbundenen Schwierigkeiten sitzt tief; es wäre fast oberflächlich zu nennen, wenn man nach alldem so mir nichts, dir nichts auf der nächsten Hochzeitsfeier tanzt. Zum zweiten Mal nimmt man einen neuen Mann, eine neue Frau als Schwiegersohn oder Schwiegertochter an, macht sie zum Teil der Familie. Ebenso ist die Rolle des Schwagers, der Schwägerin oder des Ehepartners des besten Freundes, der besten Freundin zu besetzen. Klar, dass man hier vielleicht etwas vorsichtiger wird.

Dieses Verhalten hat jedoch nicht unbedingt damit zu tun, dass es Zweifel an der neuen Partnerschaft oder moralische Bedenken gibt. Es ist eine normale Reaktion, zum Glück, denn sie zeigt, dass die Ehe von den allermeisten immer noch als etwas Ernsthaftes und Besonderes angesehen wird.

Wie also sagt man es? Und wie gestaltet man die neuen Beziehungen? Oder sollte man das Ganze lieber für sich allein durchziehen und die anderen vor vollendete Tatsachen stellen?

Im Idealfall begrüßen alle, die einem lieb und wichtig sind, die neue Ehe. Aber wann tritt im Leben schon mal der Idealfall auf?

Um Erlaubnis fragen braucht man niemanden. Doch die Überrumpelungstaktik ist auch nicht ratsam. Am ehesten wird man wohl allen gerecht, wenn die Entscheidung an sich vom Paar getroffen und dann rechtzeitig mitgeteilt wird, damit genügend Zeit für die anderen bleibt, sich an den Gedanken zu gewöhnen. Bestenfalls wird aus anfänglichem Missmut so etwas wie Vorfreude. Aber auch wenn es lediglich gelingt, eventuelle Vorbehalte durch Gespräche auszuräumen, ist es schon ein Schritt in die richtige Richtung.

Es leuchtet ein, dass es leichter fällt, dem neuen Glück zu trauen, wenn ein wenig Zeit vergangen, ein wenig Gras über die andere Ehe gewachsen ist. Die Wunden, die nicht nur den Geschiedenen, sondern eben auch deren Mitmenschen zugefügt worden sind, sollten in Ruhe verheilen können. Es ist bedeutend leichter, jemanden zu akzeptieren, der keine direkten Berührungspunkte mit der Vergangenheit hat und unabhängig von allem, was gewesen ist, seinen Platz im Miteinander sucht und findet. Wenn der neue Partner jedoch sehr bald nach der Trennung aufgetaucht ist oder sogar Anlass dafür war, muss man sich in Geduld üben. Das wird auch der Beziehung nicht schaden, von einer überstürzten Heirat ist ohnehin abzuraten, nicht nur im Sinne der Freunde und Verwandten, auch zum eigenen Vorteil.

Im engsten Kreis ankommen

Ist doch egal, was andere sagen. Hauptsache ist, wir lieben uns! Dieser Satz klingt gut, ist aber unrealistisch. Zwei gegen den Rest der Welt funktioniert auf Dauer nicht. Deswegen ist es ein wichtiges Thema, wie man als neues Ehepaar von Freunden und Familie angenommen wird.

Ein Paar braucht die nächsten Angehörigen für die sogenannte »Objektivierung« [47], es möchte sich von anderen als zusammengehörig bestätigt wissen. Insbesondere von den Menschen, die man lange kennt und auf deren »Urteil« man vertraut. Stellt man seine neue Liebe der Familie oder den Freunden vor, hat man fast so etwas wie Lampenfieber.

Werden sie sich mögen? Und wie soll ich mich verhalten, wenn sie keine gemeinsame Wellenlänge haben? Kann mein neuer Partner dem Vergleich mit meinem Ex standhalten?

Es muss kein böser Wille oder tiefes Misstrauen dahinterstecken, sollten Freunde und Familie sich nicht gleich überschlagen vor Freude, wenn wieder geheiratet wird. Ohnehin sind nur die wenigsten vehement dagegen und mit der neuen Lebensplanung auf keinen Fall einverstanden. Und das auch in erster Linie nur, wenn ihnen wenig Zeit und Gelegenheit gegeben wurde, den neuen Menschen kennenzulernen. Doch auch nach einigen Jahren, in denen man das Alte hat sacken und das Neue hat aufkeimen lassen, muss man damit rechnen, dass die nächsten Angehörigen Bedenken haben könnten.

Laut Umfrage sind die positiven wie negativen Reaktionen auf die Hochzeit bei Familie und Freunden ziemlich ähnlich. Die eine Hälfte freut sich, einige andere stehen dem Plan eher misstrauisch bis ablehnend gegenüber. Und – ganz ehrlich – das muss man ihnen auch zugestehen. Immerhin war der vergangene Ehepartner meist ein Mensch, der zum eingespielten Ensemble gehörte. Und nun »serviert« man ihnen eine Neubesetzung, die sie weder aussuchen noch ablehnen dürfen. Warum das nicht immer so einfach ist, unterscheidet sich im Detail:

Reaktionen der Eltern auf Hochzeit

48 % haben sich gefreut
13 % freuten sich eher verhalten
7 % hatten Bedenken

Reaktionen der Freunde auf Hochzeit

50 % haben sich gefreut
10 % freuten sich eher verhalten
7 % hatten Bedenken

Die eigene Familie

Die Mitglieder der eigenen Herkunftsfamilie – also Eltern, Großeltern und Geschwister – teilen etwas miteinander, was einmalig und von größter Bedeutung ist. Erstens haben sie ähnliches Erbmaterial, welches über die beispielhafte große Nase hinausgeht. Auch Talente, Interessen und die körperliche Konstitution sind ihnen gemein.

Zweitens vereint sie aber noch mehr die Geschichte, die sie gemeinsam erlebt haben. Vater, Mutter und Geschwister sind die Menschen, die einen für gewöhnlich am längsten begleiten. Sie kennen nicht nur den Menschen, wie er heute als Erwachsener ist, sondern standen ihm schon in der Kindheit und Jugend nahe. Durch die lange und wichtige Zeit, die man in seiner Ursprungsfamilie verbringt, wird auch die jeweilige Sichtweise geprägt. Entweder, weil man mit den Eltern konform geht, oder sich von ihnen eindeutig unterscheiden will. Ist man übertrieben sparsam oder eher gönnerhaft? Was bedeutet einem die Religion? Welche politischen Meinungen vertritt man?

Durch die Verbindung mit einem anderen Menschen, der einem dann näher rückt, werden diese Ansichten oft geändert. Aus einem eher bequemen Mann mit konservativer Einstellung wird auf einmal ein Sport treibender Revoluzzer – weil er sich für die entsprechende Lebensweise seiner Partnerin begeistern kann. Oder die Vegetarierin ohne Führerschein holt sich an der Seite ihres neuen Mannes am liebsten mit dem Porsche einen Burger beim nächsten Drive-in. Der Familie erscheint das eine ganze Weile befremdlich – und meist gleicht sich das Verhalten nach der ersten Verliebtheit auch wieder an. Trotzdem hinterlässt es eine Veränderung im Gefüge. Manchmal führt dies zu Streitigkeiten.

Man kann nicht nichts mit seiner Familie zu tun haben, denn selbst wenn es keinen Kontakt mehr gibt, hat dies auch eine Bewandtnis, die relevant für das Leben ist.

Der Partner, den man eines Tages Vater, Mutter, Schwes-

164

ter oder Bruder vorstellt, ist erst einmal ein Fremdkörper, an den sich alle gewöhnen müssen. Wenn ein Kind heiratet und selbst eine Familie gründet, verändert sich das Verhältnis grundsätzlich. Verantwortlichkeit wird übertragen oder weitergegeben – dies symbolisieren viele Paare durch den etwas anachronistischen Brauch, wenn der Brautvater seine Tochter am Altar an den Ehemann übergibt. Es werden Kinder geboren, die Generationen verschieben sich, aus den Eltern werden Oma und Opa. Bis dahin ist alles so, wie es sein sollte, meistens finden sich die Familienbande nach kurzzeitigem Neusortieren wieder zusammen, abgesehen von den üblichen Streitereien in der Familie.

Eine Scheidung sorgt dann wieder für gehörige Verwirrung: Der Partner, an dessen Dasein man sich gewöhnt hat, geht. Die Kinder leiden, die Großeltern leiden mit. Konflikte, aber auch Existenz- und Zukunftsängste und die Schwierigkeiten des Alleinerziehens lassen die Ursprungsfamilie in der Not oft wieder näher zusammenrücken. Doch dann, wenn alles endlich wieder in geordneten Bahnen verläuft, steht schon wieder ein neues potentielles Familienmitglied auf der Matte …

Die Schwiegerfamlilie

Die »böse Schwiegermutter« ist ein Klischee, das auf der ganzen Welt bekannt und Inhalt zahlreicher Witzeleien ist. Meist handelt es sich dabei um die Mutter des Mannes, die ein schlechtes Verhältnis zu ihrer Schwiegertochter hat. Es gibt aber auch Fälle, in denen die Mutter der Frau zu sehr im Leben der jungen Familie mitmischt. Der Hauptvorwurf lautet meist, dass von den Eltern des Partners ungebetene Ratschläge erteilt werden, die Privatsphäre missachtet und die Eifersucht offenkundig ausgelebt wird.

Doch die Schwierigkeiten gehen nicht immer zwangsläufig von der Elternseite aus, auch der neue Schwiegersohn oder die neue Schwiegertochter kann für den Ärger verantwortlich sein. Indem der Kontakt zur Ursprungsfamilie unterbunden wird oder bei jedem kleinen Problem gleich die Schuld im Elternhaus des Partners vermutet wird. Meistens steht sogar Aussage gegen Aussage – was daran liegen mag, dass beide Frauen eher unbewusst in einem Konkurrenzverhältnis stehen, wer die wichtigste im Leben des Ehemannes / Sohnes ist. Tatsächlich haben bei einer Umfrage 60 Prozent aller Schwiegermütter und -töchter ihr Verhältnis als angespannt bis schrecklich beschrieben. [48] Der Mann steht entsprechend zwischen den Fronten.

Auch Männer kann es treffen – doch sie lösen das Schwiegermutterproblem meistens eher, indem sie sich zurückziehen und den Kontakt meiden. Deswegen birgt diese Schwierigkeit weniger Potential für einen handfesten Streit. An den Nerven nagt es trotzdem. Und kann böse enden: sieben Prozent aller Geschiedenen geben als einen nicht unwesentlichen Grund auch Stress mit der Schwiegerfamilie an. [49]

Wut und Zorn richten sich nicht nur gegen die Eltern des anderen, sondern auch oft gegen den Partner selbst, wenn der es nicht schafft, klare Grenzen zu ziehen und die Ehe gegen den negativen Einfluss seiner Herkunftsfamilie zu schützen.

Kann man dieser Entwicklung entgegenwirken?

Tatsächlich hat man einen erkennbaren Vorteil, wenn auch der Partner zum zweiten Mal verheiratet ist: Sollte das Problem nämlich darin begründet sein, dass die Mutter ihr Kind nicht »freigeben« kann, so ist dieser Konflikt mit hoher Wahrscheinlichkeit schon während der ersten Ehe angegangen worden. Bei der zweiten Eheschließung sind Mann und Frau meist älter und die Loslösung vom Elternhaus ist bewältigt.

Doch ansonsten gilt auch hier: Geduld und Verständnis sind das beste Rezept, wenn man ein unbelastetes Verhältnis haben will. Dazu gehört Empathie für die Schwiegereltern. Man muss sich klarmachen, dass man für sie fremd ist, scheinbare Unordnung in ihr Leben bringt, den Sohn oder die Tochter verändert, vielleicht sogar wegnimmt. Zudem darf man auch den Generationskonflikt nicht außer Acht lassen – die Schwiegermutter mag völlig andere Vorstellungen von der Aufgabe einer Ehefrau haben als man selbst. Das ist kein böser Wille, sondern eine Frage der Gesellschaftsentwicklung.

Nicht unbedingt einfach kann die Situation werden, wenn man Kinder mit in die Ehe bringt. Manche Schwiegereltern wollen dann von heute auf morgen Großeltern sein, mit allem, was dazugehört. Und die Kinder wollen am liebsten schreiend davonrennen. Klare Grenzen und ein offenes Gespräch direkt zu Beginn und mit allen Beteiligten – damit sollte man keinesfalls zögern. Lehnen die Schwiegereltern die Kinder des neuen Partners hingegen ab oder bevorzugen sie die leiblichen Enkel, wäre es besser, den Kontakt in eine gesunde und bestenfalls freundliche Distanz zu bringen.

Manchmal – aber nur selten – werden sich die Schwiegereltern auch daran stoßen, dass der Sohn oder die Tochter einen Partner gewählt hat, der schon mal verheiratet gewesen ist. Misstrauen und Ablehnung aus konservativen oder übertrieben moralischen Gründen tun natürlich weh, lassen sich aber auch wieder nur dadurch verhindern, dass man die Zeit für sich spielen lässt. Letztlich ist das offensichtliche Glück des Kindes für die Eltern das beste Argument, den neuen Partner schließlich doch zu akzeptieren.

Der Freundeskreis

Der gewaltige Unterschied zwischen Freunden und Familie ist: Erstere kann man sich aussuchen. Trotzdem oder gerade deswegen gibt es über das Thema Freundschaft nur relativ wenig wissenschaftliche Erkenntnisse. Selbst die Definitionen, was ein Freund überhaupt ist, driften weit auseinander, reichen von Kumpel bis Seelentröster.

Dabei haben Freunde in der heutigen Zeit oft eine engere Beziehung zueinander als Familienangehörige. Ein bestehender Freundeskreis dient nicht nur der Freizeitbeschäftigung, sondern hat sehr viel damit zu tun, wie man sich selbst definiert und wo man dazugehören möchte. Die Menschen, mit denen man sich gern umgibt, erzählen viel über einen selbst. Sie gehören meist derselben Generation an, haben ähnliche Interessen, verbringen manchmal mehr Zeit mit einem als jeder andere sonst. Wenn es sich um eine langjährige Freundschaft handelt, teilt man auch eine Menge Erinnerungen – vergleichbar mit einem Bruder oder einer Schwester.

Dennoch besteht bei einer Freundschaft die Option der Freiwilligkeit. Wenn es nicht mehr so gut passt oder das Leben dazwischenfunkt, kann man ohne weitreichende Folgen auf Distanz gehen. Diese Tatsache erhöht den Wert einer langjährigen Freundschaft. Gefährdet sie aber auch, wenn eine neue Beziehung dazwischenkommt.

Wie schon erwähnt, ein Mensch verändert sich, wenn er sich auf eine neue Partnerschaft einlässt. Und diese Veränderung müssen Freunde zwangsläufig hinnehmen. Aber was, wenn der beste Freund unter dem Einfluss seiner Liebsten nun lieber ins Theater geht statt auf den Fußballplatz? Oder die neu verliebte Freundin aus Kindertagen auf einmal Touren durch den Himalaja unternimmt und das Einkaufszentrum meidet?

Nicht nur die Zweier-Freundschaft wird sich daran gewöhnen müssen, auch eine Clique kann sich plötzlich als unpassend herausstellen, entweder weil der neue Partner absolut nicht dazu passt, der alte Partner noch im Freundeskreis mitmischt oder auch das Interesse an gemeinsamen Unternehmungen wegen der Veränderung erlahmt.

Jeder wird das schon erlebt haben: Freunde haben sich getrennt, und eines Tages taucht einer von beiden mit einer neuen Liebe auf. Da kann man nicht einfach umschalten, die Kombination ist ungewohnt und man reagiert befremdet auf den neuen Partner, besonders, wenn einem der oder die Ex sympathisch war und man ihm oder ihr ein bisschen hinterhertrauert. Doch irgendwann hat man sich darauf eingestellt, kann die beiden als Paar akzeptieren – und tanzt auch gern auf deren Hochzeit. Oder man geht getrennte Wege.

Jedes Paar braucht – über die Freundschaften des Einzelnen hinaus – eine soziale Einbindung in einem gemeinsamen Freundes- oder zumindest Bekanntenkreis. Eine ausschließlich aufeinander fixierte Beziehung ist nicht gut. Deswegen enden »Wir beide gegen den Rest der Welt«-Geschichten meist tragisch.

Sollte man trotz Geduld und Bemühen kein freudiges Ja von den Mitmenschen zu hören bekommen, bedeutet dies nicht, dass man lieber auf die Ehe verzichten muss. Natürlich sollte es zu bedenken und zu reden geben. Doch eine neue Liebe bedeutet auch einen Neustart in anderen Beziehungen. Wenn man ohnehin einen Umzug plant, die Umgebung wechselt, werden sich hier auch neue Kontakte ergeben. Neue Nachbarn und Kollegen, ein anderes Umfeld. Dies sind dann Menschen, die einem völlig unbefangen begegnen, weil sie nur diese Paarkonstellation kennen.

Ein bisschen Abstand tut allen gut – Familie und Freunden –, es ist manchmal gar nicht schlecht, sich zu entfernen, damit man sich dann wieder annähern und neu kennenlernen kann ...

Nennen wir die Sache beim Namen

Neben allen Vorbereitungen rund um den großen Tag wird es auch irgendwann um die neue Namensführung gehen. Wer wird wessen Namen annehmen? Und was wird aus den Kindern, die dann eventuell anders heißen als Mutter oder Vater?

Die Klingelschilder bei sogenannten Patchworkfamilien sind oft eng beschriftet. Das muss nicht unbedingt ein Problem sein, doch manchen ist es wichtig, die Zusammengehörigkeit durch den Namen zu demonstrieren. Kann man durch die neue Heirat vielleicht ein bisschen Ordnung in den Namenswirrwarr bringen?

Ja, kann man. Man kann es aber auch noch komplizierter machen, als es ohnehin schon ist.

Als Fallbeispiel soll Frau Blau in erster Ehe Herrn Rot heiraten und seinen Namen als Ehenamen annehmen. Die beiden gemeinsamen Kinder heißen dann ebenfalls Rot.

Nach der Scheidung bleiben die Kinder bei der Mutter. Der neue Lebensgefährte, Herr Grün, zieht zu ihr und den Kindern und die beiden wollen heiraten. Wie schaffen sie es, dass die neue Familie einen gemeinsamen Namen führt?

Die einfachste Lösung
Frau Rot, geborene Blau, behält nach der Scheidung weiterhin ihren Ehenamen. Bei der zweiten Hochzeit nimmt

Herr Grün auch den Namen Rot an – dies ist nach einem Urteil des Bundesverfassungsgerichts seit einiger Zeit möglich. Alternativ kann er auch einen Doppelnamen annehmen und sich dann Rot-Grün oder Grün-Rot nennen, Rot bliebe aber als erster Familienname bestehen.

Auf diese Weise heißen nach der Eheschließung sowohl Mann und Frau wie auch die Kinder aus erster Ehe und eventuell gemeinsame Kinder alle Rot. Ob der erste Herr Rot sich darüber freut, dass unter seinem Namen eine neue Familie gegründet wird, ist nicht wahrscheinlich, aber auch nicht relevant.

Vorteil: Ohne Anträge und rechtliches Gezeter tragen alle denselben Namen. Die Kinder aus erster Ehe behalten einen Bezug zu ihrem leiblichen Vater.

Nachteil: Wer will schon den Namen des Exmannes der neuen Frau annehmen?

Die übliche Lösung

Frau Rot, geborene Blau, behält nach der Scheidung weiterhin ihren Ehenamen. Bei der zweiten Hochzeit nimmt sie einen Doppelnamen an und heißt dann Grün-Rot oder Rot-Grün, ihr Mann heißt nur Grün und die Kinder aus erster Ehe nur Rot. Der Ehename ist in diesem Fall Grün, gemeinsame Kinder würden also Grün heißen.

Vorteil: Ohne Anträge und rechtliches Gezeter tragen immerhin fast alle denselben Namen. Die Kinder aus erster Ehe behalten einen Bezug zu ihrem leiblichen Vater.

Nachteil: Der neue Mann heißt nicht wie die Kinder aus erster Ehe. Ein Kind aus der neuen Ehe würde nicht denselben Namen haben wie die Geschwister, die im selben Haushalt leben.

Die etwas aufwendigere Lösung

Frau Rot, geborene Blau, behält nach der Scheidung weiterhin ihren Ehenamen oder nimmt wieder ihren Mädchennamen an. Bei der Eheschließung entscheidet sie sich für den Namen ihres zweiten Mannes und heißt jetzt Grün, genau wie die gemeinsamen Kinder, die beide bekommen werden. Doch die Kinder aus erster Ehe haben nun einen anderen Namen als ihre Mutter und die Halbgeschwister, deswegen stellt Frau Grün den Antrag, dass die Kinder den Doppelnamen Rot-Grün oder Grün-Rot bekommen. Sind die Kinder älter als fünf Jahre, müssen sie damit einverstanden sein und auch Herr Rot als leiblicher Vater muss seine Zustimmung geben.

Vorteil: Es gibt einen gemeinsamen Familiennamen und der Bezug zum leiblichen Vater wird trotzdem nicht aufgegeben.

Nachteil: Wenn der leibliche Vater sein Einverständnis verweigert, muss man die Namensänderung bei Gericht beantragen und nachweisen, dass das Kind einen Nachteil hat, wenn es nicht denselben Namen trägt wie Mutter und Halbgeschwister.

Die schwierigste Lösung

Wie im Fall zuvor heißt die Frau nach der zweiten Eheschließung Grün, genau wie der neue Mann und die gemeinsamen Kinder. Nun sollen die beiden Kinder aus erster Ehe auch Grün heißen und den ursprünglichen Familiennamen Rot ablegen. Auch hier gilt: Kinder, die älter als fünf Jahre sind, müssen damit einverstanden sein. Ebenso der leibliche Vater, und da liegt der Haken: Nur wenige Väter geben ihre Zustimmung zur Namensänderung. Auch wenn sie an der Erziehung kaum oder gar nicht mehr beteiligt sind und keinen Kindesunterhalt leisten, wird das Gericht dem Antrag auf Namensänderung kaum zustimmen. Hier müssen schwerwiegende Gründe vorliegen, zum Beispiel wenn der Name unzumutbar ist, der Vater schwere Verbrechen begangen hat oder untergetaucht ist.

Vorteil: Alle Familienmitglieder haben denselben Namen.

Nachteil: Die Bewilligung der Namensänderung gegen den Willen des Kindsvaters ist sehr unwahrscheinlich und mit einem enormen juristischen Aufwand verbunden, zudem verlieren die Kinder so einen wichtigen Bezugspunkt zu ihrem leiblichen Vater.

Die verwirrendste Lösung

Nur der Vollständigkeit halber: Natürlich ist es möglich, dass Frau Rot nach der Scheidung wieder ihren Mädchennamen Blau annimmt und diesen auch nach der zweiten Eheschließung behält. Sie hieße dann Frau Blau, die Kinder aus erster Ehe hießen Rot, der Ehemann Grün und die Kinder aus zweiter Ehe entweder Blau oder Grün. Dadurch wird das Klingelschild nicht kleiner, aber bunter …

Wenn keine Kinder aus erster Ehe da sind, gestaltet sich die Namensführung etwas unkomplizierter und man sucht sich einfach den Namen aus, der einem am meisten zusagt. Oder man behält den Namen, an den man sich gewöhnt hat. Oder einer von beiden trägt einen Doppelnamen.

Namensführung in der 2. Ehe
27 % haben in der zweiten Ehe den Namen behalten. Davon hatten 68 % Kinder aus erster Ehe.

Nicht erlaubt ist, dass Kinder aus einer Ehe einen Doppelnamen bekommen. Und das ist auch ganz gut so, man überlege nur, welche Bandwurmnamen herauskämen, wenn später dann zwei Doppelnamen-Kinder nach der Scheidung eine Patchworkverbindung eingehen. Das gäbe ein garagentorgroßes Klingelschild.

Vater, Mutter, Kind – und jetzt?

Da kann man schon Jahre als Paar unter einem Dach gelebt und mit den Kindern aus erster Ehe die wunderbarsten Dinge erlebt haben, wenn es »auf einmal« ans Heiraten geht, ist es, als sei die Zeit zurück auf Anfang gesprungen. Neue Liebe für Vater oder Mutter – wenn's sein muss. Zusammenleben mit dem neuen Partner – na gut, ist ja auch ganz nett. Aber Heiraten? Was soll das denn?

Verhältnis Kinder – neuer Partner
65 % gut bis sehr gut
17 % problematisch bis sehr schlecht

Es gibt ja noch nicht einmal eine vernünftige Beschreibung für diese neue Konstellation, die sich daraus ergibt. Stiefvater? Patchworkmutter? Ziehkinder? Welche Veränderungen ergeben sich, wenn ein Elternteil wieder heiratet und damit so etwas wie einen Startschuss für einen wirklichen Neubeginn gibt? Sind wir jetzt eine richtige falsche Familie? Und wenn schon die Frage auf dem Standesamt gestellt wird, warum können nicht alle Betroffenen eine Antwort darauf geben, ob sie einverstanden sind?

Die Reaktionen der Kinder reichen von Zustimmung bis Empörung und sind nicht wirklich vorauszusehen. Es kann sein, dass der neue Freund, den man all die Jahre mehr ignoriert als akzeptiert hat, auf einmal als Ehemann der Mutter herzlich willkommen ist. Umgekehrt gibt es auch genügend Fälle, wo ein Paar nur das ohnehin schon jahrelange Zusammenleben auf dem Standesamt aktenkundig machen will – und die sonst so friedlichen Kinder zetteln eine Protestaktion an, die sich gewaschen hat.

Kinder wollen, dass ihre Eltern nach wie vor zusammengehören. Egal, was passiert ist und wie lange die Trennung zurückliegt. Egal, ob der Nachwuchs inzwischen alt genug sein müsste, um vom Verstand her zu begreifen, dass Vater

und Mutter sich auseinandergelebt haben und ein Wieder-
aufflammen der Liebe zwischen ihnen unmöglich ist. Die
Sehnsucht nach einer vollkommenen Familie bleibt trotzdem bestehen, tief drinnen und nicht immer bewusst.

Verständlich wird das, wenn man sich klarmacht, dass
sich jeder Mensch seiner Herkunft sicher sein möchte. Gerade Heranwachsende, die auf der Suche nach ihrer Identität
sind, brauchen einen Bezug zu den leiblichen Eltern, um
sich selbst in ihrer Individualität anzunehmen. Das ist für
Kinder und Jugendliche, deren Eltern noch zusammenleben, leichter. Sie erkennen sich in Vater oder Mutter wieder,
können zu ihnen und ihren Eigenarten auf Distanz gehen
oder sie sich zum Vorbild nehmen. Wenn aber ein Elternteil
fehlt oder nur so selten anwesend ist, dass keine Zeit für eine
wirkliche Auseinandersetzung bleibt, wird es schwierig.

Der vergebliche Wunsch nach dem Vater-Mutter-Kind-
Prinzip ist meist weniger schmerzhaft, wenn Elternpaare
es schaffen, nach der Scheidung in gutem
Kontakt zu bleiben und die Erziehung
weitestgehend gemeinsam zu übernehmen.
Dann erleben die Söhne und Töchter noch
immer ein gesichertes Zusammengehörig-
keitsgefühl, eine Einheit – so wird es ihnen
leichter gemacht, die Trennung und auch
die Neuorientierung von Vater und Mutter
zu akzeptieren.

Wenn dem alten Konflikt aber nicht bei-
zukommen ist und die Kommunikation
zwischen den gleichermaßen geliebten Eltern sich auf das Allernötigste beschränkt,
hat dies nicht selten einen problematischen
Einfluss auf die neue Beziehung von Vater
und Mutter. Wurde die Scheidung von Kin-

Gutes Verhältnis zu neuem Partner

38 % erlebten eine kon-
fliktreiche Scheidung

18 % haben Eltern, die
immer noch nicht mitein-
ander reden können

Schlechtes Verhältnis zu neuem Partner

66 % erlebten eine kon-
fliktreiche Scheidung

44 % haben Eltern, die
immer noch nicht mitein-
ander reden können

dern über den üblichen Trennungsschmerz hinaus als negativ oder sogar gefährlich erlebt, kann kaum erwartet werden, dass sie diese Erfahrung als »erledigt« oder »abgehakt« sehen, nur weil die Eltern es tun. Insbesondere wenn sie in den Streit um Erziehungs- und Vermögensfragen involviert wurden und das Gefühl hatten, zwischen allen Stühlen zu sitzen. Die meisten Erwachsenen geben an, nach einem Jahr das Schlimmste hinter sich gelassen zu haben – für die Kinder bleibt aber eine gravierende Lücke bestehen.

Neben dem nachehelichen Verhältnis der Eltern spielen aber auch Alter, Geschlecht und Geschwisterkonstellation eine nicht unwesentliche Rolle, weshalb ein Kind den neuen Partner ablehnt oder nicht. Manchmal kann man die Gründe auch nur vermuten.

Loyalitätskonflikt (27 %)

»Mein Kind lehnt die zweite Ehe ab, weil es dem Expartner gegenüber loyal sein möchte.«

Dies ist der meistgenannte vermutete Grund für ein schlechtes oder problematisches Verhältnis innerhalb der neuen Familie.[1] Nicht selten kommt es vor, dass die Kinder ihre Eltern in »Gewinner« und »Verlierer« einteilen und das Gefühl haben, einer habe sein Lebensglück auf Kosten des anderen gefunden. Die Angst, diesen leidenden Vater oder die gebeutelte Mutter zu verraten, wenn man die neue Verbindung des anderen Elternteils akzeptiert, scheint auffallend häufig bei Mädchen zum Problem zu werden, die zur Zeit der Trennung neun bis zwölf Jahre alt sind. Dies mag damit zu erklären sein, dass Mädchen durch Erziehung und / oder Veranlagung eine engere Verbindung zwischen Fühlen und Handeln haben. Wenn sie also mitbekommen, dass der eine Elternteil noch immer unter der Trennung leidet, werden sie mit ihm leiden – und nur schwer auf der anderen Seite das neue Glück zulassen können. Ob dies nun von den Eltern gezielt genutzt oder durch unbewusste Verhaltensstrategien verursacht wird, ist sicher von Fall zu Fall verschieden.

In der Vorpubertät sind Mädchen damit beschäftigt, sich von der Mutter zu lösen und den Vater anzuhimmeln – hier besteht das Beziehungsgeflecht also ohnehin aus frisch gesponnenen Fäden, die ein neues Gleichgewicht zwischen Nähe und Distanz schaffen sollen. Ein Bündnis mit dem einen einzugehen, und gleichzeitig den anderen mit neuem, kritischen Blick zu sehen – dies alles würde wohl auch ohne Trennung so ablaufen. Die familiäre Situation kommt jedoch noch verstärkend hinzu.

Einen Loyalitätskonflikt kann man nicht ausreden oder wegerklären, er ist tief verwurzelt. Den Kindern muss erlaubt sein, auf diese Weise zu denken, auch wenn man selbst die Nachteile zu spüren bekommt und sie als ungerechtfertigt empfindet. Mit Wut oder Enttäuschung sollte möglichst nicht reagiert werden, auch wenn es schwer fällt. Wenn der Verdacht besteht, dass das Kind Schwierigkeiten hat, den neuen Partner zu akzeptieren, weil ihm das wie eine Herabwürdigung oder Verletzung des anderen Elternteils erscheint, wären offene und geduldige Gespräche und darüber hinaus auch ein Besuch bei einer Beratungsstelle der richtige Anfang. Das Kind sollte erfahren, dass es okay ist, zum neuen Partner ein gutes Verhältnis aufzubauen.

Eifersucht (21 %)
»Mein Kind lehnt die zweite Ehe ab, weil es mich nicht mit jemandem teilen will.«
Diese Aussage kam in erster Linie von Vätern und Müttern, deren Kind aus erster Ehe keine Geschwister hat. Wahrscheinlich hatte es also nach der Trennung die gesamte Auf-

merksamkeit für sich – und muss nun auf einmal wieder Platz machen. Es muss neu lernen, sich auch auf die Wünsche und Bedürfnisse anderer einzulassen. Das erscheint erst einmal wie eine Zurücksetzung, klar, dass die Begeisterung für die neue Konkurrenz sich in Grenzen hält.

Wer aber auf diese Ansprüche Rücksicht nimmt und die Beziehung zum erwachsenen Partner zweitrangig laufen lässt, erweist weder sich noch seinem Nachwuchs einen Dienst. Im Gegenteil: Eifersucht ist bei Kindern genau wie bei Erwachsenen eine Erscheinung, der nur dadurch langfristig etwas entgegengesetzt werden kann, indem man sie ignoriert.

Selbstverständlich ist es wichtig und richtig, nach wie vor oder auch verstärkt exklusive Zeit mit dem Kind zu verbringen. Hier können Stiefvater und Stiefmutter sogar von Vorteil sein: Der neue Partner entlastet den bislang alleinerziehenden Elternteil im Alltag. Die Folgen sind bessere Laune, weniger Stress, verteilte Verantwortung – das wird sich bald für alle auszahlen.

Darüber hinaus sollte das neue Familienmitglied aber auch als Bereicherung dargestellt werden, von der durchaus auch das Kind profitieren kann. Weder Vater noch Mutter haben Lust zum Fußballspielen? Gut – dafür ist der neue Mann an Mamas Seite gern zur Stelle. Niemand hatte bislang Lust, sich mit Pferden zu beschäftigen? Wie schön, dass die neue Frau von Papa fest im Sattel sitzt. Vielleicht werden die Kinder auch dieses »Angebot« erst ausschlagen, es sollte aber trotzdem offeriert werden.

Eifersucht ist bei Kindern meistens ein Problem, welches sich mit der nötigen Konsequenz und ein paar Monaten Zeit in den Griff bekommen lässt. Wenn nicht, gibt es auch hier immer die Möglichkeit, eine Familienberatungsstelle aufzusuchen.

Nichtakzeptanz der Trennung (17 %)

»Mein Kind lehnt die zweite Ehe ab, weil es noch immer nicht akzeptieren will, dass Mama und Papa sich endgültig getrennt haben.«

Es ist der Tochter oder dem Sohn schlichtweg nicht möglich, die neue Situation als gut und richtig zu empfinden, denn das wäre gleichbedeutend damit, die Trennung der Eltern zu akzeptieren. Mit der neuen Hochzeit wird dann das letzte bisschen Hoffnung auf eine Wiedervereinigung zu Grabe getragen – also muss dieser Plan abgelehnt, wenn nicht sogar verhindert werden. Dieses Problem scheint übrigens unabhängig von Alter, Geschlecht und Geschwisterkonstellation des Kindes, aber auch vom Verlauf der Scheidung zu sein.

Den eigenen Kindern die Trennung zu erklären ist mit der Quadratur des Kreises gleichzusetzen: Einerseits will und darf man den Expartner vor ihnen nicht schlecht machen – zudem gibt es auch Themen, die für die Ohren des Sohnes oder der Tochter einfach nicht geeignet sind –, andererseits brauchen Kinder schon eine gewisse Erklärung, warum Vater und Mutter die Trennung für die bessere Alternative gehalten und deswegen den eigenen Kindern Kummer bereitet haben. Wie soll ein Kind akzeptieren, dass die Familie in der Form keinen Bestand mehr hat, wenn es die Gründe dazu nicht in Erfahrung bringen kann?

Hier tauchen fast immer Schuldgefühle beim Kind auf, weil es glaubt, selbst versagt und so für die Trennung gesorgt zu haben. Wäre es nur etwas besser in der Schule, etwas ordentlicher beim Aufräumen seines Zimmers, etwas früher im Bett oder etwas fleißiger im Haushalt gewesen, dann hätte es womöglich keinen Streit gegeben und alles wäre noch wie früher. Diese Selbstvorwürfe sind mit ein Grund, weswegen selbst nach langer Zeit die Trennung der

Eltern nicht hingenommen wird – ergo auch nicht die neue Heirat.

Hier muss eine liebevolle Sicherheit ausgestrahlt werden, die dem Kind zuallererst die entlastende Erkenntnis vermittelt, dass es geliebt wird und mit dem Konflikt der Eltern nichts zu tun hat. Darüber hinaus sollte man aber auch sagen, dass Vater und Mutter sich die Entscheidung nicht leicht gemacht haben und die Ursachen dafür bekannt und in der Beziehung zu suchen sind. Für gewöhnlich wollen Kinder keine Details kennen, denn auf der Paarebene sind ihnen die eigenen Eltern doch sehr fremd. Und das ist auch gut so. Der Satz »Wir haben Gründe gehabt, und wenn du sie wirklich wissen willst, dann bin ich gern bereit, deine Fragen dazu zu beantworten« beinhaltet ein Versprechen, welches den Kindern zumindest erst einmal genügt. Sie wissen, was geschehen ist, ist kein seltsames, unbegreifliches Geheimnis, sondern eine konkrete Sache, die jederzeit besprochen werden kann. Und damit können Kinder erstaunlich gut umgehen.

Ein für die Kinder lapidar wirkender Übergang von einem zum nächsten Partner ist zu Recht fragwürdig. Es ist also nötig, dass Eltern deutlich machen, wie ernst sie die erste Ehe inklusive ihres Auseinandergehens nehmen, dass sie sich nach wie vor damit beschäftigen und dieser Zeit auch die entsprechende Bedeutung zugemessen wird. Den Kummer oder die Wut der Kinder darüber müssen Eltern ertragen, nur so kann der Sohn oder die Tochte lernen, mit diesen Gefühlen umzugehen.

Doch bei aller Aufrichtigkeit und Gesprächsbereitschaft, Kinder werden wohl niemals wirklich sagen können, dass sie mit der Trennung einverstanden sind – aber sie können sich wenigstens davon befreien, ihr Urteil darüber ausdrücken zu müssen.

Beeinflussung durch Expartner (13 %)
»*Mein Kind lehnt die zweite Ehe ab, weil es vom Expartner entsprechend geimpft wurde.*«

Ob dieser Vorwurf zutrifft oder nur auf einer Befürchtung beruht, ist erst einmal nebensächlich. Denn dass dieser Verdacht überhaupt aufkommt, lässt darauf schließen, dass sich die Elternteile noch immer sehr misstrauisch gegenüberstehen und ein direkter Austausch von Vater und Mutter nicht möglich ist.

Nur selten wird man bestätigt oder sogar bewiesen bekommen, wenn gezielt gegen den Partner interveniert wurde. Die Kinder wissen sehr wohl, was sie besser geheim halten, um Stress zwischen den Eltern zu vermeiden. Und diese Verheimlichung verstärkt den Unmut gegen den zukünftigen Stiefelternteil, sie gehen lieber der Begegnung aus dem Weg, um sich nicht zu verplappern oder – schlimmer noch – vielleicht sogar zu entdecken, dass diese Person im Grunde genommen ganz nett ist. Diese Distanzierung kann dann schlimmstenfalls wieder fehlinterpretiert werden: »Ganz klar, das Kind fürchtet sich vor dem Neuen – bestimmt aus gutem Grund.« Ein Teufelskreis also. Wie kann man ihn durchbrechen?

Grundsätzlich sollte man immer bemüht sein, die Feindseligkeit zwischen Vater und Mutter ad acta zu legen. Denn wo die Grundstimmung nicht mehr durch Skepsis und Rachegelüste geprägt ist, bleiben derlei Probleme außen vor. Doch das ist leichter gesagt als getan, denn es müssten beide Expartner mitziehen, und das ist leider nicht immer realisierbar. Wenn einer weiterhin auf Krawall gebürstet ist, muss man damit rechnen, dass die Kinder von seinem Misstrauen, seinem Zorn etwas mitbekommen. Da nutzt es auch nicht viel, wenn man das Gesetz auf seiner Seite weiß, nach dem Eltern untersagt wird, über den anderen schlecht zu

reden – diese Regel bezieht sich auch auf die neue Partnerwahl. Doch wer sich nicht daran halten will, tut es eben
nicht. Die einzigen Zeugen für dieses Vergehen sind ohnehin die Kinder – und die sollte man mit dem Problem nicht
zusätzlich belasten.

Die einzig erfolgversprechenden Taktiken lauten: Taten
statt Worte! Und Geduld statt Panik!

Der Expartner kann noch so viel wettern, dass der Freund
von Mama sich nicht die Bohne für sie interessiert – wenn
die Kinder das Gegenteil erleben, wenn der neue Mann sich
ihnen kontinuierlich und unaufgeregt zuwendet, laufen die
böswilligen Unkenrufe irgendwann ins Leere. Genau wie
die beste Methode der vermeintlich »strohdoofen Tussi« an
Papas Seite ist, mit den Kindern Spiele zu spielen, die Freizeit interessant zu gestalten oder einfach nur für ein Gespräch über Gott und die Welt bereit zu sein.

Dabei ist kein Wetteifern um die Zuneigung des Kindes
gefragt, sondern Ausgeglichenheit und Zuversicht. Tatsächlich betrifft das Problem mit der negativen Beeinflussung
nämlich eher jüngere Kinder im Kindergarten- und frühen
Grundschulalter. Wer also abwartet, für den spielt die Zeit.
Je älter die Kinder werden, desto sicherer trauen sie ihrer
eigenen Meinung, ihrem eigenen Instinkt. Leicht wird diese Phase nicht werden und es ist ein Kraftakt, hier gelassen
zu bleiben. Aber es ist der beste Weg, will man ein nachhaltig gutes Verhältnis in der neuen Familie aufbauen, ohne
sich auf dasselbe Niveau herabzulassen und gegen den Expartner ins Feld zu ziehen.

Art des neuen Partners (10 %)

*»Mein Kind lehnt die zweite Ehe ab, weil es mit meinem
neuen Partner nicht zurechtkommt.«*

Jedes zehnte Kind stört sich an dem neuen Familienmitglied an sich. Die Gruppe dieser Kinder ist die mit Abstand älteste – die meisten waren zum Zeitpunkt der Trennung zwölf Jahre und älter.

Das leuchtet ein. Die Ursprungsfamilie hatte lange Zeit, sich aufeinander einzustimmen und die Rollen festzulegen – wenn dann mehr oder weniger plötzlich die Besetzung wechselt, die Regeln neu geschrieben werden, sind Konflikte vorprogrammiert. Dazu kommt noch die Entwicklungsphase, in der die Jugendlichen stecken. Wie sollen sie jemanden so bereitwillig annehmen, der ihnen vor die Nase gesetzt wird, wo sie doch selbst genug damit zu tun haben, ihr eigenes Ding vernünftig hinzukriegen?

Der neue Partner hat es besonders schwer, auch als Autoritätsperson akzeptiert zu werden, schnell kann hier ein kleines oder großes Duell erwachsen, aus den schmutzigen Schuhen im Flur wird eine Grundsatzdiskussion, die mit dem Satz endet: »Du hast mir gar nichts zu sagen!« Stimmt sogar in gewissem Maße. Als Erziehungsperson ist man hier erst einmal ein ganz kleines Licht. Doch wer unter einem Dach lebt, das Wochenende oder den Urlaub miteinander verbringt, taucht nicht als »Ersatzvater« oder »Ersatzmutter« auf, sondern als gleichberechtigtes Mitglied einer Gruppe. Diesen Anspruch sollte man vehement einfordern, damit man wahr- und ernstgenommen wird. Wer sich um des lieben Friedens willen zurücknimmt, stellt nämlich in den Augen der Jugendlichen keinen ernstzunehmenden »Sparringspartner« dar. Häufig laufen die wichtigsten Absprachen über den »richtigen« Elternteil, der sich dann in eine ungünstige Position zwischen Partner und Kinder gedrängt sieht. So weit sollte man es am besten gar nicht erst kommen lassen, Interessenkonflikte müssen von den Betroffenen geklärt werden.

Kinder und Jugendliche müssen bereit sein, Kompromisse einzugehen und sich auch auf Menschen einzulassen, die ihnen nicht auf Anhieb sympathisch sind. Wichtig ist, dass man trotzdem das Gespräch sucht und bereit ist, sich die Vorbehalte anzuhören. Partei für den einen oder anderen zu ergreifen oder gar Schiedsrichter zu spielen, damit belastet man die Beziehung sowohl zum Partner wie auch zu den Kindern. Als Vermittler kann man jedoch zumindest am Anfang tätig werden. Nachsicht und Gelassenheit sind auch hier gute Voraussetzungen. Aber das braucht man in jeder Familie, in der die Kinder dabei sind, den Eltern über den Kopf zu wachsen.

Unabhängig von allen Schwierigkeiten und Enttäuschungen, die eine zweite Hochzeit bei den Kindern aus erster Ehe auslösen mag, letztlich ist und bleibt es die Entscheidung des Paares. Es ist schade, wenn diese eigentlich so schöne Sache auf Ablehnung stößt – aber es ist kein Grund, auf eine zweite Ehe zu verzichten. Ist man sicher, keine unvernünftige, überstürzte oder unüberlegte Entscheidung zu treffen, ist ein schlechtes Gewissen unnötig, auch wenn hier die Wünsche der eigenen Kinder übergangen werden. Sie werden damit leben müssen – und können.

Reaktionen der Kinder auf Hochzeit

40 % haben sich gefreut
38 % reagierten neutral
12 % waren dagegen
10 % reagierten wechselhaft

Natürlich kann man die manchmal nicht ganz unberechtigten Bedenken der Kinder ruhig als Denkanstoß sehen, kann das Gespräch darauf lenken, entweder in großer Runde oder auch zu zweit. Auch ein Gang zur Familienberatungsstelle ist kein Ausdruck von Hilflosigkeit, sondern vielmehr zeigt es die Bereitschaft, sich wirklich und ernsthaft damit auseinandersetzen zu wollen, dass man es miteinander schaffen will.

Ganz gleich jedoch, wie die Kinder reagieren, auch wenn

sie sich über die Hochzeit freuen – was durchaus keine Seltenheit ist –, ist jetzt eine günstige Gelegenheit, über das Miteinander zu reden. Auch wenn man davon ausgehen kann, dass sich mit zunehmendem Alter der Kinder wieder einiges ändern wird, schafft man so die Basis, auf der das Zusammenleben zum Thema gemacht werden kann.

Manchmal geht das leichter, wenn die Kinder in die Vorbereitungen für das Fest eingespannt werden. Die Töchter sind dabei, wenn das Kleid ausgesucht wird. Die Jungen dürfen bei der Wahl des Festmenüs ein Wörtchen mitreden. Alle überlegen gemeinsam, wen man zur Party einladen sollte und wo gefeiert wird. Nach und nach kann jeder sich dem bislang angstbesetzten Termin nähern und über den vielen scheinbaren Nebensächlichkeiten der Planung wird auch das eigentliche Thema – die Ehe zwischen Vater/Mutter und einem anderen Menschen – zur Sprache gebracht. Doch auch wenn ein Kind entscheidet, lieber nicht bei der Hochzeit dabei sein zu wollen, sollte dies ohne Aufregung akzeptiert werden. Es ist okay – und gut, dass es ausgesprochen wurde. Übung macht den Meister, je selbstverständlicher es ist, dass ein Familienmitglied über seine Bedürfnisse reden und sich äußern kann, was ihm gefällt und was nicht, desto weniger Überwindung kosten diese Gespräche. Und wer weiß, vielleicht ergibt sich daraus auch noch eine Idee oder ein Konzept, mit dem in Zukunft alle besser zurechtkommen.

Auf ein Neues: Eltern werden

Nicht immer stellt sich die Frage nach einem gemeinsamen Kind, denn oft sind die Partner bei der zweiten Eheschließung bereits in dem Alter, in dem die Familienplanung abgeschlossen ist. Vielleicht hat man auch während der ersten Ehe dafür gesorgt, dass mit weiterem Nachwuchs nicht zu rechnen ist. Eine Sterilisation beim Mann ist mit mäßigem Erfolg rückgängig zu machen, sollte in einer neuen Beziehung doch der Wunsch nach Elternschaft aufkommen. Bei der Frau bedeutet ein solcher Eingriff jedoch das endgültige Aus in puncto Familienplanung.

Das neue Unterhaltsgesetz hat es zweitverheirateten Eltern immerhin leichter gemacht, die finanzielle Situation in den Griff zu bekommen: Da die Kinder aus erster und zweiter Ehe vorrangig zur Berechnung der Unterhaltsleistungen gewertet werden und erst dann eventuelle Ansprüche des Expartners geltend gemacht werden können, wird nicht mehr so häufig der Fall auftreten, dass z.B. ein unterhaltspflichtiger Mann keine neue Familie mehr gründen kann, weil ihn die erste Ehe finanziell belastet und ein weiteres Kind schlichtweg nicht bezahlbar wäre. [50]

Ein gemeinsames Kind ist und bleibt der ganz besondere Gewinn einer Liebesbeziehung. Was nicht bedeutet, dass Ehen ohne Nachwuchs ihren Sinn verfehlen. Dennoch macht die Elternschaft das Paar zu etwas Unzertrennlichem – sogar über die Ehe hinaus. Wer bereits Kinder aus der ersten Ehe hat, mag diesen Umstand mitunter schon verwünscht haben, wäre man zu zweit geblieben, hätte das die Trennung um einiges vereinfacht. Ein Sohn, eine Tochter verbindet jedoch für immer.

Eigene Kinder in der 2. Ehe
56 % keine eigenen Kinder
44 % eigene Kinder oder Kinderwunsch

Ein Kind ist das Ergebnis aus der intimen Zusammenkunft zweier Menschen. Und wenn es gewollt war, vielleicht sogar gewünscht und geplant, ist die Geburt der Moment, ab dem man mehr füreinander ist als Mann und Frau –

dann wird man Familie. Die Freuden, aber auch die Probleme, werden um ein enormes Spektrum erweitert, es geht nicht mehr nur um ein Du und Ich, es geht ums Wir. Die ganzen Dinge, die ein Ehepaar beschäftigen – Hauskauf, Vereinbarkeit von Beruf und Privatleben, Krankheiten, Finanzen, Selbstfindung etc. –, werden um die Verantwortung für ein Kind bereichert. Das fängt mit der Morgenübelkeit in der Schwangerschaft an und hat auch dann noch kein wirkliches Ende gefunden, wenn der Nachwuchs volljährig ist und auf eigenen Beinen steht. Das wird in einer zweiten Ehe nicht anders sein als in der ersten.

Die Geburt eines Kindes belastet eine Beziehung und kann sogar zu einer Krise führen, insbesondere wenn das Geld knapp ist oder das Paar zuvor noch nicht allzu lang zusammengelebt hat. [51] Aufgewogen wird diese Negativentwicklung jedoch von der langfristigen und tiefen Zufriedenheit, die Elternschaft auch hervorbringt. Gemeinsame Kinder sind einer der wichtigsten Stabilisatoren in einer Ehe. [14]

Doch wenn einer oder beide Partner bereits Kinder haben, unterscheidet sich die Situation gravierend. Der neue Bruder, die neue Schwester wird nicht nur für Glückseligkeit und Harmonie sorgen. Kinder aus erster Ehe haben ein sehr ambivalentes Verhältnis zu diesem neuen Erdenbürger, der so ähnlich und doch so anders ist. Eifersüchteleien auf ein jüngeres Geschwisterchen sind normal, die Umstellung durch den Familienzuwachs dauert immer seine Zeit. In einer Patchworkfamilie bringen sie aber weitere Schwierigkeiten mit sich. Denn dieses Kind resultiert aus einer glücklichen Beziehung, die nach wie vor Bestand hat, während sich Vater und Mutter der älteren Kinder nicht mehr lieben, auseinandergegangen sind und vielleicht sogar noch immer Streit miteinander haben.

Der Vergleich mit dem Inhalt eines Kleiderschrankes macht klar, welche Schwierigkeiten gemeint sind: Die meisten Klamotten haben ihre großen Glanzzeiten bereits hinter sich, die Stoffe sind fadenscheinig, die Nähte brüchig, einige Flecken nicht mehr herauszuwaschen. Nur noch wenige Teile sind heil geblieben, zwei wirklich zeitlose und bequeme Stücke, der Rest landet im Altkleidersack. Nun wird eine neue Kollektion gekauft, schöne Sachen, etwas moderner und weniger mit Erinnerungen verknüpft. Keine Laufmaschen, Risse, Flicken, alles passt ganz wunderbar zueinander. Und obwohl die beiden alten Kleidungsstücke noch immer ihren Zweck erfüllen, gut aussehen und einigermaßen zu den neuen Sachen passen, werden sie immer seltener getragen, irgendwann landen sie ganz hinten im Schrank.

Diese Angst der Kinder, nicht ganz so gut hineinzupassen, nicht mehr ganz so attraktiv zu sein und deswegen vielleicht in der Versenkung zu verschwinden, muss ernst genommen werden, denn sie ist nicht grundlos. Ein Neugeborenes bekommt naturgemäß mehr Aufmerksamkeit und ist zudem noch das Ergebnis einer frischen Liebe statt einer gescheiterten Ehe.

Besonders hart trifft das Problem die Familien, in denen die Kinder aus erster Ehe nur an den Wochenenden und in den Ferien da sind. Wer kann ihnen verübeln, dass sie das süße kleine Baby beneiden, denn es hat den Vater und die Mutter stets um sich, während sie selbst immer nur mit einem Elternteil vorlieb nehmen müssen und den einen davon auch nur mehr oder weniger regelmäßig treffen können. Hier sollte man auf keinen Fall zu viel Geschwisterliebe von Anfang an erwarten, stattdessen jedoch unbedingt »Exklusivzeiten« für die Erstgeborenen einplanen, in denen man sich ausschließlich ihnen widmet. Kinder können sich immer begeistern, wenn sie Geschichten »von früher« hören, also Begebenheiten aus einer Zeit, als sie selbst noch klein waren und an die sie sich nicht mehr oder nur noch ein bisschen erinnern können. Es ist die Aufgabe der Eltern, diese Geschichten zu erzählen, um deutlich zu machen, dass auch sie diese Phase der besonderen Beachtung gehabt haben, nur eben ein paar Jahre zuvor.

Und wenn dann noch Ähnlichkeiten auftauchen (»Schau mal, dein kleiner Bruder hat genau dasselbe Grübchen, wenn er lacht, wie du es damals als Baby hattest«), schafft man Verbindungen zwischen den Kindern. Sie sollten sicher sein, dass sie genau so geliebt werden und auch ebenso viel Begeisterung ausgelöst haben wie das neue Kind. Sind die Kinder schon älter, freuen sie sich vielleicht auch, wenn sie ein Stück Verantwortung für das Baby übernehmen können. Füttern, Babysitten oder das Laufen beibringen, vielleicht auch ein Patenamt bekommen. Natürlich darf man die Lust, Zeit mit dem Geschwisterchen zu verbringen, nicht überstrapazieren, doch man sollte sie fördern.

Dies gilt vor allem für den Stiefvater oder die Stiefmutter, die dem schlechten Ruf, der ihnen vorauseilt, ja sicher nicht gerecht werden wollen. Es wird fast immer so sein, dass ein Elternteil seinen leiblichen Kindern näher steht als denen, die er oder sie durch Heirat »übernommen« hat. Das ist nicht schlimm, niemand ist gezwungen, die Kinder seines Partners zu lieben. Aber es sollte selbstverständlich sein, auch in der Patchworkfamilie niemanden offensichtlich zu bevorzugen. Egal, ob man nur am Wochenende oder auch im Alltag das Miteinander bewerkstelligen muss, alle haben das gleiche Recht auf Respekt, Zuneigung und Förderung. Sollte einem dies einigermaßen gelingen, wird sich der Rest von alleine geben. Sobald der neue Bruder oder die neue Schwester »außer Konkurrenz« läuft, ist der Weg für eine liebevolle Begegnung geebnet.

Familien-Mikado

Der Begriff »Patchworkfamilie« ist inzwischen eingebürgert und jeder weiß, was er sich darunter vorzustellen hat. Doch ganz zutreffend ist das Bild von dem aus verschiedenen Mustern zusammengestellten Flickenteppich nicht, denn die Nähte sind bereits genäht und die Position der einzelnen Elemente festgelegt.

Eine Familienstruktur, deren Mitglieder unterschiedlicher Herkunft sind, wird sich niemals so einfach zusammenflicken lassen, sie muss eher flexibel gehandhabt werden. Das Zusammenwachsen geschieht in mehreren Phasen und dauert im Durchschnitt sieben Jahre [52]. Ungeduld oder zu schnelles Festigen kann also nur Enttäuschung mit sich bringen. Die Kinder sind unterschiedlich in ihrem Charakter, in ihren Erfahrungen und ihrer Entwicklung sowie den Positionen, die sie bislang zu den Mitmenschen bezogen haben. Eine Tochter, die bislang die Älteste gewesen ist, das Sagen hatte und auch am meisten Verantwortung tragen musste, bekommt nun eventuell jemanden an die Seite gestellt, der noch älter ist, dem noch mehr zugetraut wird – auf einmal fühlt sie sich unterlegen. Ebenso fällt es einem Nesthäkchen alles andere als leicht, sich plötzlich an einen Bruder zu gewöhnen, der kleiner und hilfloser, schlimmstenfalls sogar niedlicher ist. Strategien, die vormals funktioniert haben – einmal die Augen weit aufreißen und schmollen, dann bekomme ich alles, was ich will –, verlieren in der neuen Umgebung an Wirkung und man muss sich etwas Neues einfallen lassen.

Wenn zwei Menschen sich zusammentun, die bereits Kinder haben, hat man eine Anzahl Individuen, die bunt gemischt sind und dann aufeinander losgelassen werden. Von daher passt statt der Patchwork-Metapher eher ein Vergleich mit einem Mikadospiel, bei dem farbige Holzstäbe auf den Tisch geworfen und dann möglichst geschickt auseinandersortiert werden müssen: Niemand steht mehr da, wo er vorher stand. Alles ist aus dem Gleichgewicht, feste Fügungen erweisen sich als instabil. Wer ganz oben war, liegt auf einmal in der Mitte. Wem bisher alle Last aufgebürdet wurde, der nimmt jetzt eine Position ein, die fernab von allen anderen liegt, ihn zwar entlastet, aber auch nutzlos erscheinen lässt.

Die so über den Haufen geworfene Mikado-Familie braucht lange, um sich zu sortieren. Genau, wie es bei dem Spiel eher auf Fingerfertigkeit und Geduld ankommt, wenn man erfolgreich sein will. Manchmal dauert es richtig lang und ein Element muss erst von einer ganzen Menge störender Faktoren befreit sein, um in den Griff bekommen zu werden. Immer wieder gerät etwas ungewollt ins Rollen, setzt neue Bewegungen frei, die die Situation nicht gerade erleichtern. Da muss man das Ziel schon sehr konkret vor Augen haben, um nicht die Hoffnung zu verlieren.

Und – genau wie beim Spiel mit den Holzstäbchen – das ganze funktioniert nur mit einem stabilen Untergrund. Mikado auf einem weichen Kissen oder während einer Fahrt über unebenen Boden gespielt geht nicht. Das ganze Durcheinander braucht ein festes Fundament. Und dieses Fundament bietet das Paar mit seiner bewussten Entscheidung füreinander. Sie sind belastbar. Sie sind beständig. Und irgendwann findet dann auch alles wieder auf den richtigen Platz.

Insa & Tim
und die zweite Ehe

Vor dem Standesamt wartet eine übersichtliche Gemeinde. Die Sonne scheint. Es herrschen ideale Temperaturen, nicht zu warm und nicht zu kalt. Ein Wetter, wie man es sich für den Hochzeitstag wünscht – und das, obwohl sich Insa und Tim über alles mögliche Gedanken gemacht haben, außer über das Wetter.

»Passt zur Einladungskarte«, freut sich die Schwiegermutter im weißen Kleid. »Hattet ihr da nicht vom Sonnenschein im Herzen geschrieben?« Die Eltern von Braut und Bräutigam haben ihre Enkelkinder mitgenommen. Merle trägt ein knallgelbes Sommerkleid, welches sie recht schnell versöhnt hat mit dem Gedanken an die Hochzeit ihrer Mutter. Lukas hingegen lässt sich beim besten Willen nicht aufmuntern und hat bis zuletzt darauf bestanden, seine Bolzplatzjeans und das älteste aller T-Shirts anzuziehen. Erst hat Insa sich darüber geärgert, bis Tim sagte, in ein paar Jahren wäre diese Angelegenheit nicht mehr als eine heitere Anekdote, die man sich für Lukas' eigene Hochzeit aufbewahren könnte.

Tims Sohn Felix sieht sehr erwachsen aus, wie er mit Schlips und Kragen neben seiner Mutter steht. Es war eine gute Idee, auch Sabine – Tims Exfrau – einzuladen. Seit dem längst fälligen Gespräch über die Vergangenheit sind die beiden endlich wieder zusammengerückt, fast sieht es nach einer Freundschaft aus, die sich entwickelt.

192

Dann stehen da noch ein paar Kolleginnen aus Insas Agentur – sie haben kleine Augen, weil der spontane Junggesellinnenabschied am Vorabend länger und heftiger war als geplant. Ursprünglich hatte Insa nur auf ein Glas Prosecco eingeladen, doch das Ganze hat sich mächtig entwickelt und auf einmal hat Insa eine solche Lust zum Feiern verspürt …

Tims Schwester Pia scheint schrecklich nervös zu sein, sie schaut immer in die Richtung, aus der das Hochzeitsauto so langsam mal kommen müsste.

Als die Familienkutsche endlich heranrauscht, ist der Jubel unter den Gästen groß. Sobald die beiden ausgestiegen sind, wird er noch größer: Tim grinst von einem Ohr zum anderen und fummelt aufgeregt an seiner Krawatte herum. Insa trägt ein Kleid in genau der richtigen Farbe und ist – wie es sich für eine Braut gehört – ein absoluter Hingucker. Der Standesbeamte öffnet die Tür und ruft die Festgesellschaft auf. Jetzt wird es ernst, sagt Merle – und alle lachen.

Im Trauzimmer ist es eng und gemütlich, der Mann hinter dem Schreibtisch hält eine vorgefertigte und wahrscheinlich schon mehrfach erprobte Rede über Vertrauen, Liebe und Sonnenschein – und wieder denken alle: Das passt ja prima zu der Einladungskarte.

Aber wahrscheinlich ist der Beamte ohnehin Profi und hat auch eine Regenrede in petto, vielleicht sogar auch Gewitter-, Schnee-, Hagel- oder Nebelansprachen. Das Wetter ist schließlich immer ein Thema und zudem genauso vorhersehbar wie der Verlauf einer Ehe.

Die meisten schweifen irgendwann ab, wie das so ist bei solchen Monologen, doch als sich dann alle erheben sollen, kann sich der Standesbeamte wieder der Aufmerksamkeit aller sicher sein.

Standesbeamter: Ich frage Sie, Herr Tim …

Tim und Insa sehen sich an. Auf einmal ist da keiner mehr außer ihnen beiden. Es geht um nichts anderes als um sie. Was gewesen ist, ist in diesem Moment egal, genau wie das, was kommt. Das ist außerordentlich beruhigend. Und schön. Denn wo der andere einem gegenübersteht, da fühlt man sich sicher. Die Zweifel sind jetzt mal ganz woanders. Falls sie wiederkommen, sollen sie sich noch ein bisschen Zeit lassen. Hier und heute haben sie nichts verloren.

Tim sagt ja. Natürlich sagt er das. Und es klingt nicht halb so dramatisch, wie es in Hollywoodfilmen klingt, wenn sich zwei nach vielen schwierigen Drehbuchminuten endlich kriegen. Es klingt eher selbstverständlich.

So wie das Ja, welches er sagt, wenn Insa ihn fragt, ob er daran denkt, in der Stadt noch Brot zu kaufen. Und wie das Ja, das sie zu hören bekommt, wenn sie ihn um ein Gespräch unter vier Augen bittet. Tim hat schon so oft ja zu ihr gesagt. Das fällt ihr jetzt auf. Und beruhigt sie, bereitet sie vor auf ihre Antwort, die mit einem Mal gar nicht mehr schwer fällt.

Standesbeamter: … so beantworten Sie diese Frage mit Ja.
Insa: Ja!

7. Die zweite Ehe:
Nutzen wir unsere Chance!

Der Countdown läuft. Bald ist Hochzeit – und danach geht es mit der zweiten Ehe los.

Ein paar Dinge sollten zuvor geklärt sein. Verglichen mit dem, was man bis dahin geleistet hat, sind es nur Kleinigkeiten, denn die Entscheidung, ein zweites Mal zu heiraten, bedeutet oft die meiste Anstrengung. Jetzt geht es nur noch um Details.

Wie wollen wir unsere Ehe gestalten – juristisch und emotional? Welche Regeln sollen gelten und wie möchten wir mit Konflikten umgehen?

Wieder ist dabei die Erfahrung aus der ersten Ehe der beste Ratgeber, was man für sich gut und wichtig findet und worauf man sich besser nicht mehr einlassen möchte. Die Eigenständigkeit der Partner, die gerade durch die Scheidung geprägt ist, sollte eine gute Startvoraussetzung sein. So gut wie niemand heiratet zum zweiten Mal, weil er sich durch bürokratische, gesellschaftliche oder sonstige Argumente genötigt sieht, aus diesem Alter ist man zum Glück heraus. Vorausgesetzt, man hat sich mit all diesen Aspekten auseinandergesetzt, hat den Mut gehabt, sich dem Scheitern der ersten Ehe zu stellen und die Zusammenhänge, wie es dazu kommen konnte, erkannt.

Nicht alles muss man begreifen, manche Fragen werden wohl für immer offen bleiben. Insbesondere, wenn das Verhältnis zum Expartner nach wie vor angespannt bis problembehaftet ist, fällt es schwer, im Guten damit abzuschließen und neu zu beginnen. Aber es ist eine riesige Erleichterung zu erkennen, dass es außer einer großen Portion Lebenserfahrung nichts gibt, was man aus damaligen Zeiten übernehmen muss.

Vertrauen ist gut – Vertrag ist besser

Ein Ehevertrag muss eine maßgeschneiderte Angelegenheit sein, die sich genau den Gegebenheiten des jeweiligen Paares anpasst und bei Veränderungen der Verdienst-, Versorgungs- oder Vermögenssituation aktualisiert wird. Aus diesem Grund sollte man unbedingt vor dem Standesamtstermin einen Anwalt oder Notar aufsuchen, der sich mit Familienrecht auskennt.

Was haben Sie in der zweiten Ehe anders organisiert?

30 % Wir haben getrennte Konten.

24 % Wir haben einen Ehevertrag gemacht.

Das ist ein seltsames Gefühl, wenn man noch vor dem Jawort über die Modalitäten einer eventuellen Trennung spricht. Doch wer schon einmal den Stress einer komplizierten Scheidungsverhandlung durchgemacht hat, wird diese kleine Unannehmlichkeit gern über sich ergehen lassen. Zudem hat der eheliche Güterstand nicht nur Auswirkungen auf den Scheidungsfall, auch die Erbauseinandersetzungen hängen eng damit zusammen. Insbesondere wenn Kinder aus erster Ehe da sind, muss hier einiges geregelt und abgesichert werden.

Die verflixte Sache dabei ist: Letztlich stehen schon zu Beginn einer Ehe die Interessen der Partner gegeneinander, jedoch fällt das Geben und Nehmen unter Liebenden nicht schwer. Noch erscheint es einem undenkbar, dass man dem anderen irgendwann einmal die Butter auf dem Brot neiden könnte. Aber diese Einstellung kann sich ändern. Und dann ist man froh, in guten Zeiten in der Lage gewesen zu sein, eine halbwegs vernünftige Regelung zu treffen, wenn es mal schlechter wird.

Bei der Beratung durch einen Anwalt oder Notar werden jene Komponenten der Ehe ins Visier genommen, die auch bei der Scheidung zum Thema werden. Über jede Sache kann dann einzeln verhandelt werden, man kann sie bestehen lassen, einschränken oder gänzlich ausschließen. Ein Ehevertrag sollte in jedem Fall mit fachkundiger Beratung ausgearbeitet und beim Notar unterzeichnet werden.

Es gibt vier Formen des Güterstandes in einer Ehe: Die Gütertrennung, die Gütergemeinschaft, die Zugewinngemeinschaft und die modifizierte Zugewinngemeinschaft.

Diese verschiedenen Formen werden anhand eines Beispielpaares erklärt: Herr Blau und Frau Rot heiraten in zweiter Ehe, beide haben je zwei Kinder aus erster Ehe und ein gemeinsames Kind. Herr Blau besitzt bereits vor der Ehe ein Haus, welches er von seinen Eltern geerbt hat. Es wird während der Ehe renoviert. Frau Rot schafft sich von ihrem Einkommen während der Ehe ein Apartment an. Herr Blau macht während der Ehe Schulden, Frau Rot gewinnt im Lotto eine Million. Beide haben kein gesondertes Testament gemacht.

Gütertrennung

Alles, was während der Ehe erworben wird, gehört entweder dem einen oder dem anderen. Bei einer Scheidung wird der Punkt Güterrecht als erledigt abgehakt. Auch Schulden, die während der Ehe gemacht werden, gehen nur zu Lasten des einen Partners, der andere kann nicht dafür haftbar gemacht werden. Sollten beide doch gemeinsames Vermögen anschaffen, z. B. ein Haus kaufen, so müssen hier besondere Vereinbarungen getroffen werden, wie dieses Vermögen im Falle der Scheidung aufzuteilen ist.

Ein Nachteil der Gütertrennung: Im Todesfall muss das Erbe nach dem üblichen Satz besteuert werden, während in Zugewinngemeinschaft lebende Partner hier Vergünstigungen haben.

Darüber hinaus steht dem Witwer/der Witwe weniger zu, falls es noch andere Erben gibt, denn auch im Todesfall wird kein Zugewinnausgleich erfolgen und das gemeinsam erwirtschaftete Vermögen zu gleichen Teilen vererbt.

Will man während der Ehe die Gütertrennung vereinbaren, so müssen alle Vermögenswerte auf die Partner verteilt werden. Dies bedeutet eine akribische Auseinandersetzung, von A wie Auto bis Z wie Zweitwohnung.

Im Scheidungsfall:

Herrn Blau bleibt das Haus und er muss seine Schulden abzahlen. Frau Blau freut sich über ihren Lottogewinn und die Eigentumswohnung.

Im Todesfall:

Wenn Herr Blau zuerst stirbt, werden Schulden und Haus gegeneinander aufgerechnet, das überbleibende Vermögen (auch Negativvermögen) wird zu je einem Viertel zwischen seinen Kindern aus erster Ehe, seinem Kind aus zweiter Ehe und Frau Rot geteilt.

Stirbt Frau Rot zuerst, werden Lottogewinn und Eigentumswohnung addiert und auch je zu einem Viertel an ihre Kinder aus erster Ehe, ihr Kind aus zweiter Ehe und Herrn Blau verteilt.

Gütergemeinschaft

Was meines ist, soll auch deines sein – diese Form des Güterstandes gibt es heutzutage nur noch sehr selten, denn sie beinhaltet, dass sämtliches Vermögen, also auch das, welches schon vor der Eheschließung bestanden hat, auf beide Partner zu gleichen Teilen übergeht. Früher war eine solche Regelung üblich, wenn beispielsweise der Knecht die Bauerntochter geheiratet hat und ab sofort Mitbesitzer des Anwesens wurde.

Bei der Scheidung muss dann wirklich alles – auch das geerbte Elternhaus oder die Firma, die man schon vor der Hochzeit aufgebaut hat – durch zwei geteilt werden. Wer sich für diese Form des Güterstandes entscheidet, sollte sich zuvor gut beraten lassen.

Im Scheidungsfall:

Die Beendigung der Gütergemeinschaft im Falle der Scheidung ist höchst kompliziert. Die ursprüngliche Gesamthandsgemeinschaft der Ehegatten verwandelt sich in eine Liquiditätsgemeinschaft. Sehr vereinfacht kann man das Ergebnis wie folgt darstellen: Haus, Wohnung, Schulden und Lottogewinn werden aufgerechnet, die Summe aus allem durch zwei geteilt.

Im Todesfall:

Die Regelung im Todesfall ist noch komplexer. Der Anteil des verstorbenen Ehegatten am Gesamtgut geht auf mehrere Miterben über. Es bestehen daher zwei sich überlagernde Gesamthandsgemeinschaften. Die Auseinandersetzung der Erbengemeinschaft über den Gesamtgutsanteil des verstorbenen Ehegatten setzt die Auseinandersetzung des Gesamtguts voraus.

Vereinfacht dargestellt kann man also sagen: Egal, wer von beiden stirbt, es wird auch hier das Gesamtvermögen ermittelt und durch zwei geteilt. Eine Hälfte, die des Verstorbenen, geht dann als Erbe zu je einem Viertel an die Waisen aus erster Ehe, an das Kind aus zweiter Ehe und den Witwer/die Witwe. Auf diese Weise würden beispielsweise die Kinder aus Herrn Blaus erster Ehe nach dessen Tod einen Anteil von Frau Rots Lottogewinn erhalten.

Zugewinngemeinschaft

Wenn keine besondere Regelung veranlasst wird, leben Eheleute in Deutschland automatisch im gesetzlichen Güterstand der Zugewinngemeinschaft.

Alles, was die Eheleute jeder für sich während der Ehe an Vermögen gewinnen oder verlieren, wird bei Trennung oder Tod durch zwei geteilt. Die Dinge, die schon vor der Hochzeit Eigentum des einen waren sowie Vermögen, welches durch Erbe oder Schenkung zustande gekommen ist, fließen nicht in diese Summe, lediglich die Wertsteigerung, die dieses Vermögen während der Ehe erfährt, ist ausgleichspflichtig. Ebenso werden Schulden, die während der Ehe abgebaut wurden, verrechnet.

Bei einer Scheidung stellt der Richter also eine im Grunde recht simple Gleichung auf: Endvermögen (am Tage, an welchem die Scheidungsklage zugestellt wurde) minus Anfangsvermögen (am Tage vor der Hochzeit) geteilt durch zwei.

Dass diese Rechnung aber eben meist doch nicht so simpel ist und es manchmal Jahre dauert, bis die Höhe von Anfangs- und Endvermögen definiert werden kann, haben viele Geschiedene am eigenen Leib erfahren. Es macht also Sinn, sollte man sich für die Zugewinngemeinschaft entscheiden, das Anfangsvermögen in einem Verzeichnis festzuhalten. Dies kann mit einer einfachen Liste geschehen, die von beiden Partnern unterzeichnet wird, aber auch ein Notar wird ein solches Schreiben aufsetzen.

Die Zugewinngemeinschaft basiert auf einem gerechten Prinzip, in dem nahezu sämtliches, in der Ehe erworbenes Vermögen am Ende geteilt wird. Auf diese Weise wird verhindert, dass einer von beiden arbeiten geht und Vermögen anhäuft, während der andere die Hemden bügelt, die Kinder erzieht – und am Ende der Ehe keinen Cent auf dem Konto hat.

Im Scheidungsfall:

Das Haus gehörte Herrn Blau bereits vor der Ehe, im Rahmen des Zugewinnausgleichs wird nur die Wertsteigerung erfasst, die es durch die Renovierung während der Ehe erfahren hat. Von dieser Summe werden die Schulden, die er während der Ehe gemacht hat, abgezogen. Herr Blau hat also während der Ehe nur sehr wenig Vermögen angehäuft, vielleicht ist sogar weniger da als zu Beginn der Ehe. Frau Rot hingegen hat sowohl eine Wohnung wie auch einen Lottogewinn als Vermögen vorzuweisen. Nun werden beide Vermögenswerte gegeneinander gerechnet. Frau Rot muss von dem, was sie mehr dazugewonnen hat, die Hälfte abgeben. Herr Blau braucht sich keine Sorgen zu machen, das Haus bleibt in seinem Besitz.

Im Todesfall:

Für den Todesfall gibt es zwei Möglichkeiten:

1. Die sogenannte erbrechtliche Lösung, die den Regelfall darstellt. Hier wird der Ausgleich des Zugewinns dadurch verwirklicht, dass sich der gesetzliche Erbteil des überlebenden Ehegatten um ein Viertel der Erbschaft erhöht. Es findet in diesem Fall also keine genaue Berechnung des Zugewinnausgleichs statt, sondern der Ausgleich erfolgt pauschal über die Erhöhung des Erbteils.

Für Herrn Blau und Frau Rot würde das heißen, dass Frau Rot im Fall des Todes von Herrn Blau neben den drei Kindern von Herrn Blau die Hälfte zustehen würde (setzt sich zusammen aus einem Viertel gesetzliche Erbquote sowie einem weiteren Viertel für den pauschalierten Zugewinnausgleich).

2. Die güterrechtliche Lösung, die weitaus seltenere Variante. Diese kommt nur dann zum Tragen, wenn der überlebende Ehegatte weder gesetzlicher Erbe noch testamentarischer Erbe wird oder mit einem Vermächtnis bedacht ist.

Wenn die überlebende Frau Rot beispielsweise die Erbschaft ausschlagen würde, käme diese Alternative zum Zuge. Konkret würde das wie folgt aussehen: Frau Rot würde neben den drei Kindern zunächst nur einen kleinen Pflichtteil vom Erbe erhalten. Das wäre ein Achtel des Erbes. Darüber hinaus könnte sie gegenüber den Erben den Zugewinnausgleich geltend machen. Genau wie im Fall einer Scheidung müsste dann berechnet werden, wie hoch der Zugewinn ist.

Frau Rot würde mehr von der erbrechtlichen Lösung profitieren, weil Herr Blau während der Ehe kaum Zugewinn erzielt hat. Für Herrn Blau hingegen wäre eher die güterrechtliche Lösung zu empfehlen, weil Frau Rot einen sehr hohen Zugewinn erzielt hat. Er müsste also die Erbschaft ausschlagen, um im Endeffekt zu einer höheren Summe zu kommen.

Modifizierte Zugewinngemeinschaft

Dies ist der juristische Fachbegriff für den durch einen Ehevertrag begründeten Güterstand, bei dem auf Basis der Zugewinngemeinschaft spezielle Absprachen getroffen werden.

Um den erbsteuerlichen Nachteil bei der Gütertrennung zu umgehen, kann man den Zugewinnausgleich für den Todesfall beibehalten, für den Fall der Scheidung ist er jedoch ausgeschlossen. Der Effekt ist der gleiche: Wenn das

Paar auseinandergeht, bleibt jedem das, was er für sich erwirtschaftet hat. Eine ähnliche Abmachung kann man auch auf einzelne Vermögensgüter beschränken und z. B. das Geschäftsvermögen vom Zugewinn ausschließen, die Immobilien oder Autos. Hier gäbe es die Möglichkeit, einen Pauschalbetrag auszumachen, der den einen Partner z. B. pro Ehejahr mit einem Ausgleich entschädigt.

Wenn neue wesentliche Vermögenswerte angeschafft werden, müsste das Paar den Vertrag gegebenenfalls aktualisieren. Beim Kauf eines Hauses auf den Namen eines Partners sollte der andere, der vielleicht Geld dazugegeben hat, entsprechend abgesichert sein. Ebenso dürfen Kredite nicht außer Acht gelassen werden. Der modifizierte Zugewinnausgleich ist in jedem Fall eine gute Lösung und zudem ein gegebener Anlass, stets die Übersicht über das gemeinsame und getrennte Vermögen zu behalten – was selbstredend ja eben auch Schulden einschließt.

Im Scheidungsfall:

Hier gibt es viele Möglichkeiten für Herrn Blau und Frau Rot, den Ehevertrag vor oder während der Ehe ihren Lebensumständen anzugleichen. Zum Beispiel könnte Frau Rot ihre Eigentumswohnung vom Zugewinnausgleich ausschließen lassen, somit würde ihr diese Immobilie ganz gehören, sie müsste nach der Scheidung nicht die Hälfte des Wertes an ihren Exmann zahlen. Da sie die Wohnung aus eigenen Mitteln finanziert hat, wäre das auch ratsam. Herr Blau hätte seine Frau auch von seinen Schulden entbinden können, indem er dieses Negativvermögen ausdrücklich vom Zugewinn ausschließt. Natürlich hätten beide Partner diese Bestimmungen unterschreiben müssen. Zu beachten ist aber immer die besondere Formbedürftigkeit solcher Verträge, das heißt, Unterzeichnung bei gleichzeitiger Anwesenheit beider Ehegatten vor einem Notar.

Im Todesfall:

Auch hier kommt es darauf an, welche speziellen Vereinbarungen Frau Rot und Herr Blau getroffen haben. Ein Testament ist immer ratsam, insbesondere wenn es Kinder aus ersten Ehen gibt. Natürlich dürfen Ehevertrag und Testament sich nicht widersprechen. Ist der Zugewinnausgleich nur bei Scheidung ausgeschlossen worden, wird er im Todesfall erfolgen, dann gilt dasselbe wie im Beispiel zuvor.

Des Weiteren können noch folgende Punkte Bestandteil eines Ehevertrages sein:

Versorgungsausgleich

Die Rentenansprüche, die während der Ehezeit erworben werden, rechnet man nach einer Scheidung gegeneinander. Sinn dieses Procedere: Zahlt einer von beiden mehr in die Altersvorsorge ein als der andere, weil er zum Beispiel mehr verdient oder vom Vermögen einen Teil in private Rentenfonds investiert hat, hat der andere durch die Ehescheidung einen entschiedenen Nachteil.

Ohne besondere Vereinbarung gilt:

Das Gericht rechnet vor dem Scheidungstermin beide während der Ehe erworbenen Rentenansprüche zusammen und teilt sie durch zwei. So hätten beide Partner dieselbe Rente erwirtschaftet, auch wenn der eine wesentlich mehr eingezahlt hat. Dies ist zu empfehlen, wenn einer von beiden weniger arbeitet, dafür aber die meiste Arbeit im Haushalt oder mit der Erziehung der Kinder hat. Nur durch seinen Einsatz in den gemeinsamen vier Wänden ist es dem anderen möglich, entsprechend in die Altersvorsorge einzuzahlen. Ein Versorgungsausgleich bei Scheidung wäre hier gerecht.

Zu überdenken wäre er, wenn beide im Grunde gleich

viel arbeiten und sich die Arbeit im gemeinsamen Haushalt teilen, trotzdem aber einer von beiden wesentlich mehr verdient. Solang die Liebe da ist, wird man sagen, dass es einem nichts ausmacht, den anderen von dieser Tatsache profitieren zu lassen. Doch wenn bei der Scheidung die Fetzen fliegen, ärgert man sich, dass man noch in späten Jahren darunter leiden muss, dass der andere sich auf unsere Kosten die Altersvorsorge gesichert hat.

Mit besonderer Vereinbarung gilt:

Hier gibt es mehrere Möglichkeiten der Gestaltung. Entweder schließt man den Versorgungsausgleich im Scheidungsfall von vornherein aus und jeder ist für seine eigene Rente verantwortlich. Dann kann niemand davon profitieren, wenn der andere über Jahre mehr gezahlt hat. Zu empfehlen ist dies bei Partnern, die ungefähr gleich gut verdienen oder bei denen der weniger Verdienende durch eine entsprechende private Rente abgesichert ist.

Die zweite Möglichkeit besteht darin, den Versorgungsausgleich für die Zeit durchzuführen, in der einer z. B. für die Kindererziehung auf eigene Erwerbstätigkeit verzichtet. Sobald er aber wieder arbeiten geht und genauso viel verdient, findet ab dem Zeitpunkt kein Ausgleich der Versorgungsanwartschaften mehr statt.

Ganz individuell gibt es auch die Alternative, eine Pauschalsumme oder die Überschreibung einer Immobilie als Ausgleich für die Altersabsicherung zu vereinbaren.

Unbedingt zu bedenken: Diese Regelungen betreffen auch die Bezüge, die man im Falle einer Berufs- oder Erwerbsunfähigkeit erhalten würde. Wenn ein Partner also während der Ehe chronisch erkrankt und abzusehen ist, dass er in Zukunft nicht mehr den Lebensunterhalt erwirtschaften kann, sollte die Regelung des Versorgungsausgleiches noch einmal neu überdacht werden.

Unterhaltsansprüche

Seit einer Gesetzesänderung im Jahr 2008 gilt der Grundsatz der Eigenverantwortung.

Wenn es früher galt, dass der Ehepartner einen Anspruch darauf hat, den gewohnten Lebensstandard aufrechtzuerhalten, gilt inzwischen der gesetzliche Grundsatz, dass die Geschiedenen möglichst für sich selbst sorgen, auch wenn das eine Beeinträchtigung der Gewohnheiten bedeutet. So wird vermieden, dass der Unterhaltspflichtige bis ans Ende seiner Tage finanzielle Einbußen aus der Ehe hat, die ihn am Aufbau eines neuen Lebens hindern könnten.

Ohne besondere Vereinbarung gilt:

Das Gesetz sieht zum Prinzip der Eigenverantworlichkeit der Ehepartner aber auch einige Ausnahmen vor: Unter Umständen bleibt ein nicht unwesentlicher Unterhaltsanspruch bestehen, zum Beispiel, wenn die Ehe besonders lang bestanden hat und der Unterhaltsberechtigte während der gemeinsamen Zeit nicht gearbeitet hat. Oft hat einer von beiden auf Ausbildungsmöglichkeiten verzichtet, weil Kinder geboren wurden oder der Haushalt allein verwaltet werden musste. Die Hausfrauen – bei Männern taucht dieser Fall eher selten auf – haben auf dem Arbeitsmarkt keine guten Chancen und würden so Gefahr laufen, mittellos zu werden. Also muss der Exmann zahlen. Dennoch sind sie aufgefordert, Arbeit zu suchen und sich entsprechend weiterzubilden. Handeln sie nicht danach, kann der Unterhaltsanspruch verfallen.

Mit besonderer Vereinbarung gilt:

Der vertraglich erklärte Verzicht auf nacheheelichen Unterhalt macht Sinn, wenn beide Partner in der Ehe finanziell für sich selbst sorgen und dies auch in Zukunft so handhaben wollen. Sollte einer von beiden jedoch durch Krankheit, Arbeitslosigkeit oder Erziehungszeit in eine schlechtere Einkommenssituation kommen, muss über eine Aktualisierung des Vertrages nachgedacht werden.

Auch hier kann man Absprachen treffen, dass der Unterhaltsberechtigte mit einer Pauschalsumme oder einer Vermögensüberschreibung auf eine monatliche Zahlung verzichtet, z.B. indem er die Ehewohnung mietfrei nutzen darf oder Eigentümer wird.

Der während des Trennungsjahres zu zahlende Unterhalt sowie der Unterhalt für die Kinder können und dürfen nicht ausgeschlossen werden. Ein entsprechend geschlossener Ehevertrag wäre sittenwidrig und damit nichtig.

Zudem kann man den Anspruch auf Unterhalt verwirken, wenn man sich unwürdig verhalten hat. Wann dies der Fall ist, liegt im Ermessen des Richters; es trifft beispielsweise zu, wenn man während der Ehe fremdgegangen ist oder die Scheidung wollte, weil man sich neu verliebt hat.

Der Notar muss bei der Beratung und im Vertrag in jedem Fall darauf hinweisen, dass Verträge unwirksam sein können, wenn sie insbesondere in Unterhalts- und Versorgungsausgleichsfragen Regelungen enthalten, die sehr einseitig sind und zu Lasten einer Partei gehen. Zudem sollten die zukünftigen Eheleute angehalten werden, im Laufe ihres Zusammenlebens immer die Modalitäten ihres Vertrages in Hinsicht auf das aktuelle Ehemodell zu überprüfen und gegebenenfalls anzupassen. Ein Ehevertrag ist nicht statisch und in Stein gemeißelt. Er soll sich ändern dürfen, genau wie die Beziehung sich ändern darf.

Kriegserklärungen und Friedensabkommen

Wenn der juristische Kram geklärt ist, kommt die Zeit, sich über die emotionale Komponente im Krisenfall zu unterhalten. Noch ist alles in Ordnung, begegnet man sich in Liebe und Respekt. Aber es wäre blauäugig zu erwarten, dass es immer so bleibt. Man muss keinen Streit vom Zaun brechen, sollte sich aber wappnen, damit die ersten ernsthaften Auseinandersetzungen einen nicht völlig aus der Bahn werfen. Es gibt eine eigene Therapierichtung, die sich mit dem gekonnten Streiten innerhalb einer Beziehung beschäftigt. [53] Konfliktfähigkeit zwischen Liebenden ist eine hervorragende Eigenschaft, will man trotz Alltagstrott und Schicksalsschlägen aller Art zusammenbleiben. Wer die wichtigsten Regeln des Streitens beherzigt, braucht selbst die schlechteren Zeiten nicht zu fürchten.

1. Streit sollte willkommen sein

Paare, die vernünftig streiten können, führen eine gesündere Beziehung als solche, die zu viel Wert auf Harmonie und Ausgeglichenheit legen. Zwei Menschen haben immer auch zwei Meinungen, zwei verschiedene Bedürfnisse, zwei Befindlichkeiten. Sollte es hier nie krachen, wäre das ein Zeichen, dass einer von beiden vielleicht zu kurz kommt und um des lieben Friedens willen darauf verzichtet, sich gegen den anderen durchzusetzen. Aus Angst vor Zurückweisung oder auch aus Gleichgültigkeit sich selbst gegenüber. Auf lange Sicht die absolut falsche Strategie. Denn entweder entwickelt sich daraus Wut auf den Partner, weil der nicht bemerkt, wie sehr man sich übergangen fühlt. Oder der Partner hat damit zu kämpfen, dass der andere dabei ist, sich selbst aufzugeben – denn dann verschwindet ja auch die Person, in die man sich verliebt hat.

Streit bedeutet also Wertschätzung sowohl sich selbst wie auch dem Geliebten gegenüber. Darüber sollten sich beide klar sein, dann verliert der Streit sogleich seinen Schrecken und wird zu etwas Wertvollem.

2. Streit sollte eine Veränderung in Gang setzen

Natürlich kommt es beim Streiten auf das richtige Maß an. Wenn in einer Ehe ständig die Fetzen fliegen und keiner von beiden zur Ruhe kommen kann, wirkt der Satz »Solange wir uns streiten, ist alles in Ordnung« wie eine faule Ausrede. Eine Auseinandersetzung sollte immer den Wunsch nach Veränderung und Verbesserung der Situation beinhalten. Nicht der Streit an sich ist das Zeichen für Interesse aneinander, sondern das, was durch den Streit zutage tritt und ausgelöst wird. Dafür muss man aber erst einmal so weit kommen, den Konflikt hinter dem Ganzen zu erkennen. Hat man ein Jahr lang erfolglos die feuchtfröhlichen Wochenendtouren mit dem Fußballverein verteidigen müssen, wird es Zeit zu entdecken, dass dahinter z. B. eigentlich der Wunsch nach kurzweiligen Auszeiten von Verantwortung und Vernunft steckt. Im Zwist um die schmutzigen Socken auf dem Sofa geht es vielleicht mehr um den Wunsch, dass Grenzen nicht weiter durch Nachlässigkeit überschritten werden. Und wer sich wegen des dauernden Besuchs der Schwiegermutter in die Haare kriegt, wünscht sich generell mehr Privatsphäre und weniger Bevormundung. Erst wenn sich diese Anliegen beim Streiten herauskristallisieren, kann man gezielt an einer Lösung arbeiten. Und dann hat der Streit seinen Zweck erfüllt.

3. Streit sollte gesunde Aggression erlauben

Es gehört einfach dazu, in einer Auseinandersetzung nicht immer beherrscht und kontrolliert agieren zu können. Je nach Temperament wird man auch mal lauter, vergreift sich im Ton und wirft schlimmstenfalls mit Geschirr. Aggression bedeutet im wörtlichen Sinne, dass man an etwas herangeht bzw. herauslässt, was innen drin zu viel wird. Ein Gegenteil der Aggression ist bezeichnenderweise die Depression – die Gefühle richten sich dann nach innen, das Problem wird für sich behalten, man fügt sich selbst Leid zu, statt sich mitzuteilen.

Wie aber entwickelt man eine gesunde Aggression? Indem man prüft, ob sie produktiv oder destruktiv ist. Im Streittraining lernen die Teilnehmer, Selbstbehauptung von Feindseligkeit zu unterscheiden – beide Aspekte können Bestandteil von aggressivem Verhalten sein. Wenn in einem Streit ein Partner aufsteht und brüllt: »Ich bin doch nicht verrückt! Auf keinen Fall werde ich zulassen, dass wir einen so hohen Kredit aufnehmen, um einen Porsche zu kaufen!«, ist das Selbstbehauptung. Formuliert er aber anders, klingt Feindseligkeit mit, selbst wenn er weniger laut wird: »Du bist verrückt, für einen Porsche so einen Haufen Schulden zu machen!«

Ich-Botschaften, also Sätze, die das eigene Empfinden und Wünschen ausdrücken, dürfen ruhig aggressiv sein und ohne reglementiert zu werden ihren Weg in den Streit suchen. Du-Botschaften hingegen werden auf das vermeintliche Fehlverhalten des anderen zielen, hier hat die Aggression eine destruktive Wirkung und wird höchstwahrscheinlich auf eine Abwehrreaktion stoßen – und schon eskaliert ein feindseliger Streit, der zu nichts führt.

4. Streit sollte offen ausgetragen werden

Versteckte Botschaften statt offener Aussprache – damit macht man die Lage nicht leichter. Immer wieder kleine Signale auszusenden, von denen man annimmt, dass der andere sie schon erkennen kann und zu deuten weiß, ist eine wenig erfolgversprechende Strategie. Denn erstens werden diese kleinen Zeichen oft schlichtweg nicht erkannt, was dann wiederum als Desinteresse oder sogar Böswilligkeit interpretiert wird. Zweitens kann die verhüllte Nachricht auch missverstanden werden und nun bei der anderen Seite für Unmut sorgen.

Wenn die Frau sich wünscht, dass ihr Mann mehr im Haushalt hilft, sollte sie es ihm ohne Umschweife sagen, statt ihm den Staubsauger demonstrativ vor den Fernseher zu stellen und dann beleidigt zu sein, wenn er das Ding einfach nur zur Seite schiebt. Der Mann hingegen – schon seit Jahren genervt von ihren klugen Ratschlägen, die er gar nicht hören will – verdreht genervt die Augen und schweigt. Was sie wiederum so auffasst, dass er sie für dumm hält, und sie ihm dann umso mehr beweisen will, wie gut sie in einigen Dingen Bescheid weiß.

Also besser gerade und direkt raus mit der Sprache, auch wenn es dann mal kräftig blitzt und donnert, alles ist besser als dauerhaft schlechte Luft und kein Gewitter in Sicht.

5. Streit braucht gute Rituale

Wenn man in Übung ist, dann kennt man die typischen Sätze, die eingeschnappten Posen, die übertriebenen Tränen oder lautstarken Kraftausdrücke – und bleibt trotzdem gelassen. Denn sie gehören zum Streit dazu, funktionieren wie in einem Drehbuch, wo der Konflikt erst angestachelt und dann wieder heruntergefahren wird, bestenfalls sogar gelöst.

»Ich halt das echt nicht mehr aus hier!« Dieser Satz kann ernst gemeint sein, man kann nun panisch werden und fürchten, dass der Partner im nächsten Moment die Koffer packt. Doch wenn diese Worte schon öfter gefallen sind, mit Vorliebe zur Einleitung eines ausgiebigen Streits, dann handelt es sich um eine Katharsis, also ein normales »Dampfablassen«, das nicht persönlich und schon gar nicht verletzend gemeint ist. Dieses Abreagieren sollte unter den Partnern in seiner Bedeutung bekannt sein und wie ein Ritual funktionieren.

Auch das berühmt-berüchtigte Schmollen und sich schweigend Zurückziehen dient oft – natürlich nur bei angemessener Länge – der Einleitung in eine neue Streitphase und bedeutet: Ich habe genug gepoltert, jetzt brauche ich Ruhe und Distanz, danach kann es dann auf einer anderen Gesprächsebene weitergehen. Nun können bei dem anderen alle Alarmglocken schrillen – Mist, sie spricht nicht mehr mit mir, wir haben uns nichts mehr zu sagen, es ist aus – oder er reagiert gelassen, weil er weiß, was das Verkriechen bedeutet.

6. Streit sollte Nähe schaffen

Genau das Gegenteil wird oft beim Streiten befürchtet: Dieser Krach wird uns auseinanderbringen, wir werden uns Sachen sagen, die weh tun, und danach werden wir nie wieder zueinander finden …

Doch ein guter Streit schafft Nähe, wo bislang ein Konflikt im Weg gestanden hat. Natürlich muss man aufpassen, dass verletzende Elemente vermieden werden und man nicht vom Hundertsten ins Tausendste kommt: »Wo wir gerade dabei sind: Ich bin auch genervt, dass du zu wenig Zeit mit den Kindern verbringst. Und abends im Bett bist du immer müde. Ach ja, zudem will ich auch endlich mal mit entscheiden, was im Fernsehen geguckt wird …« Besser, man bleibt bei einem Thema und hebt sich die Dinge, die einem in dem Moment vor lauter Wut auch noch alle einfallen, für den nächsten Krach auf. Oder man entwickelt auch hier ein Ritual und sagt sich in einer bestimmten Phase alle Sachen, die einen am anderen stören, aber mit einem Zeitlimit von einer Minute. Dann wird das Ganze schon wieder komisch und man lacht miteinander.

Egal, wie ein Streit ausgeht, ob man sich auf einen Kompromiss einigen konnte, einer seinen Willen durchgesetzt hat oder das Ganze lediglich vertagt wurde – hinterher wird die Wertschätzung für den anderen umso größer sein. Jeder hat wahrscheinlich schon mal erlebt, wie wunderschön eine Versöhnung nach einem konstruktiven Streit sein kann.

Feste feiern – mit allem, was dazugehört

Eine rauschende Feier mit weißem Kleid, zahlreichen Gästen, Hochzeitstorte und Gottesdienst? Darf man sich so etwas überhaupt noch mal gönnen? Oder ist man besser beraten, sich in Bescheidenheit zu üben, im kleinen Rahmen, vielleicht sogar nur zu zweit das Standesamt zu besuchen?

Ein Fest mit allem, was dazugehört, sollte es auf jeden Fall sein – nur kommt es eben darauf an, was genau für die jeweiligen Partner dazugehört. Einen großen Unterschied macht es, ob der neue Partner selbst bereits einmal verheiratet war oder es für ihn zum ersten Mal »ernst« wird – bei den Paaren, die im großen Stil heirateten, war Letzteres meistens der Fall. Bei kleinen Festen oder den ganz schlichten Trauungen unter sechs Augen handelte es sich größtenteils bei beiden Brautleuten um »Wiederholungstäter«.

Wie wurde die 2. Hochzeit gefeiert?

44 % kleines Fest
22 % großes Fest
18 % nur zu zweit
13 % in Weiß
12 % heimlich
9 % kirchlich

213

Einige Bräuche und Regeln rund um das Jawort stammen aus der grauen Vorzeit, werden aber immer wieder gern entstaubt, wenn es um die zweite Hochzeit geht. So gehört es sich angeblich nicht, dass die Braut beim zweiten Mal ein weißes Kleid trägt, denn Weiß stehe für Unschuld und Jungfräulichkeit. Ob dann in unserer modernen Kultur überhaupt noch jemand in dieser Farbe heiraten dürfte, sei dahingestellt. Ebenso hält sich noch immer das Gerücht, dass man nach einer Scheidung nicht mehr kirchlich heiraten dürfe. Dies gilt jedoch nur für die katholische Kirche, in der die Ehe vor Gott ein unauflösbares Sakrament ist. In evangelischen und vielen anderen Gemeinden wird das flexibler gesehen, dort liegt es im Ermessen des Pastors / der Pastorin, inwiefern der ernsthafte Wunsch zu erkennen ist, die neue Verbindung durch einen Gottesdienst gesegnet zu wissen.

Bei vielen Hochzeiten, kirchlich und auch standesamtlich, kann man sich auch den Wortlaut der Trauformel aussuchen. Soll das »bis dass der Tod euch scheidet« oder »für immer« Bestandteil sein? Will man sich ewige Liebe, Treue und Verbundenheit versprechen? Oder lieber gegenseitige Achtung und Respekt vor der Einzigartigkeit des anderen – und zwar solange die Liebe miteinander vereint?

Wenn man es partout kompliziert haben will, geht das Spiel mit dem Erlaubten und Nichterlaubten so weit, dass man ausgiebig und kontrovers über die Zulässigkeit von Junggesellenabschied und Brautstrauß-Wurf diskutieren könnte. Man kann sich herrlich darüber streiten, ob die Exschwiegereltern und Großeltern der Kinder eingeladen werden müssen oder nicht – oder ob es seltsam wirkt, wenn die eigenen Söhne und Töchter die Blumen streuen. Irgendwann sollte dann aber mal genau geschaut werden, um was es hier eigentlich geht. Um ein Spektakel? Oder um ein Versprechen, welches sich zwei Menschen geben, die miteinander durchs Leben gehen möchten?

Grundsätzlich sollte alles das in Ordnung sein, was sich für das Brautpaar passend anfühlt und ihm zudem für sein persönliches Fest wichtig erscheint.

Du und ich und ein paar Fragen

Wann bin ich denn nun bereit für eine neue Ehe?

Grundsätzlich und in einem Satz ist diese Frage nicht zu beantworten, denn es gibt keinen Zeitpunkt, an dem es »Klick« macht und alles gut wird. Vielmehr durchlebt man eine Veränderung, entfernt sich immer weiter weg von dem, was einmal war, steuert immer weiter auf das zu, was einmal sein könnte. Mal gibt es Phasen, in denen die Vergangenheit plötzlich doch einen größeren Platz einnimmt und die Möglichkeit einer neuen, davon unbelasteten Ehe aussichtslos erscheinen lässt. Dann wird man überwältigt von der Euphorie des Verliebtseins, so dass einem der Weg zum Standesamt wie ein Spaziergang erscheint.

Man schwankt zwischen »Nie wieder« und »Am liebsten sofort« und tut sich schwer damit, aus diesen beiden Extremen »das Richtige« herauszufühlen. Das liegt daran, dass es eben keine grundsätzlich richtige Entscheidung geben kann, es sei denn, man ist der Wahrsagerei mächtig.

Generell lassen sich die Paare bei der zweiten Eheschließung deutlich mehr Zeit zum Kennenlernen, kurzentschlossene Trauungen nach weniger als einem Jahr Beziehung sind eher die Ausnahme. Die Mehrheit wartet bis zu vier Jahre, bevor sie sich wieder traut. Die Prozentzahl derjenigen, die sich noch mehr Bedenkzeit nehmen, unter-

Wie lange waren Sie mit dem neuen Partner zusammmen, bevor Sie geheiratet haben?

10 % nach weniger als 1 Jahr (im Vergleich 1. Ehe 25 %)

67 % nach 1–3 Jahren (Vergleich 1. Ehe 50 %)

22 % nach mehr als 4 Jahren (Vergleich 1. Ehe 23 %)

scheidet sich jedoch nicht von den Spätentschlossenen in der ersten Ehe – ungefähr ein Fünftel wartet länger als vier Jahre mit dem Jawort.

Es gibt keine Checkliste, die man abhaken kann, um zu wissen, wie es um die Partnerschaft steht, ob sie »reif« für die Ehe ist. Auch ein Multiple-Choice-Fragebogen als kleine Prüfung vor dem Jawort ist völlig sinnlos.

Doch zum guten Schluss – oder zum noch besseren Anfang, wenn man so will, denn es geht ja letztlich um den Start in das Eheleben – stehen hier ein paar Fragen. Sie beruhen auf dem, was in diesem Buch zum Thema gemacht wurde. Sie mögen schlicht klingen, doch einfach sind sie nicht. Die Antworten kann man für sich alleine suchen, schöner ist es jedoch, wenn auch der Partner mit einbezogen wird. Vielleicht sind es Denkanstöße für wunderbare Gespräche, vielleicht stellt man aber auch nur fest, dass in dieser Angelegenheit das Wesentliche gesagt und getan wurde. Dann ist es auch gut. Dieses Buch ist ja noch länger einsetzbar. Interessant, wie sich die Antworten gleichen oder unterscheiden, wenn man die Fragen am zehnten Hochzeitstag noch einmal durchgeht. Der Liebe und dem gemeinsamen Leben kann man immer wieder etwas Aufmerksamkeit widmen.

Erwartung und Enttäuschung

Was habe ich von meiner ersten Ehe erwartet – und wo bin ich enttäuscht worden?

Was erwarte ich von meiner zweiten Ehe?

Worin besteht der Unterschied zwischen den Erwartungen damals und jetzt?

Gibt es Enttäuschungen, die mich jetzt noch belasten?

Erwarte ich, dass diese Enttäuschung durch die neue Ehe gemildert oder aufgehoben wird?

Bin ich eher enttäuscht von mir selbst, von meinem damaligen Partner oder von uns beiden als Paar?

Sind die Erwartungen, die ich an meine neue Ehe stelle, realistisch? Sind sie lebenstauglich?

Entwicklung und Selbsterkenntnis

Wer war ich in meiner ersten Ehe? Wer bin ich nun? Wer möchte ich sein?

Was glaube ich hat mein Expartner während der Ehe in mir gesehen? Was sieht mein jetziger Partner in mir?

Brauche ich einen Partner, um mich wieder als Ganzes zu fühlen?

Stört mich ein Partner in meiner Weiterentwicklung?

Weiß ich, was ich möchte und was nicht? Wie kompromissbereit kann und will ich in der neuen Ehe sein?

Wo lagen in der ersten Ehe meine Unfähigkeiten und Versäumnisse? Wo habe ich meine Stärken eingebracht? Worin habe ich am meisten investiert?

Was ist die wichtigste Erkenntnis, die ich aus meiner ersten Ehe gezogen habe? Was hat mich die Trennung gelehrt? Was ist mir wichtig in meiner neuen Ehe?

Vergeben und Vergessen

Was trage ich meinem Expartner noch heute nach? Kann ich mir vorstellen, diese Sachen irgendwann einmal »zu den Akten« zu legen?

Wenn ich an die schlimmsten Erfahrungen in meiner ersten Ehe denke, welches Gefühl löst das in mir aus? Und welche Emotionen kommen hoch, wenn ich an die schönsten Momente mit meinem Expartner denke?

»Passen« diese Empfindungen zu den Gefühlen, die ich damals hatte?

Welche Erinnerungen sind gegenwärtiger – die schlimmen oder die schönen?

Möglichst objektiv gesehen: Was hat in der ersten Ehe überwogen – die guten oder die schlechten Tage?

Liebe und Vernunft

Was war der eigentliche Grund, meine erste Ehe einzugehen? Und was habe ich damals geglaubt, welcher Grund es wäre?

Ist die Liebe zu meinem neuen Partner reif genug oder befinde ich mich noch im Zustand der schwärmerischen Verliebtheit?

Was soll sich ändern durch die neue Ehe? Was soll gleich bleiben?

Kann und will ich dieser Ehe auch die Möglichkeit der Veränderung geben?

Selbst wenn ich mir die Liebe wegdenke, wäre mein Partner mir ein angenehmer Lebensgefährte?

Suche ich Glück oder reicht mir die Zufriedenheit?

Es geht bei diesen Fragen nicht darum, sie »richtig« oder »falsch« zu beantworten. Dies ist kein Psychotest, bei dem am Ende des Buches ein grandioser Tipp herauskommt, nach dem man sich nur noch zu richten hat. So einfach kann es auch gar nicht sein. Vielmehr soll man durch die Fragen auf eigene Gedanken kommen, Ungeklärtes erforschen und bereits Abgehaktes noch einmal eingehend ins Visier nehmen. Am Ende wird ein Gefühl bleiben. Ein gutes oder ein schlechtes. Eine Zuversicht oder ein Zweifel. Schlauer ist man also nicht unbedingt.

Schön aber zu wissen, dass sich von den befragten Eheleuten nur die allerwenigsten wieder ernsthaft überlegt haben, die zweite Ehe zu beenden. Die meisten sind sich sicher: Beim zweiten Anlauf hat man die besseren Karten, die zweite Ehe ist stabiler! Dieses Gefühl widerspricht zwar der Statistik, aber es geht in der Ehe um Gefühle und nicht um Zahlen. Also sollte man auf sein Herz hören.

Haben Sie in der zweiten Ehe an Trennung gedacht?

78 % nein, nie

10 % einmal

3 % häufiger

3 % wir werden uns trennen

Sollten die Zweifel überwiegen, bedeutet dies nicht, dass man die Hochzeitspläne für immer begraben muss. Es bedeutet lediglich, dass es bei den Vorbereitungen zu diesem Fest um mehr geht als die Wahl der Ringe und das Beschaffen der Papiere. Man hat bei sich selbst noch einige Dinge zu erledigen. Diese Zeit sollte man sich unbedingt nehmen.

Dank

– an meinen Mann Jürgen Kehrer, dem ich mit meinen ausufernden Theorien über die zweite Ehe sicher eine Menge Geduld abverlangt habe – und romantisch war das auch nicht wirklich.

– allen Männern, Frauen und Kindern, die bereit waren, mir bei der Vorbereitung zu diesem Buch ihre vielfältigen Geschichten zu erzählen. Dazu gehören auch die zahlreichen Teilnehmer meiner Umfrage.

– an die Testleser Dipl. Psychologin Marja Goronzy, Richterin Dr. Petra Pheiler-Cox, Doris Preusche, Christiane Güth und Christoph Hünermann. Sie haben ein wachsames Auge auf den Text geworfen und das Buch mit ihrem ExpertInnenwissen bereichert.

– an den Krüger-Verlag, mit dem ich sehr gern zusammenarbeite, das hat insbesondere mit der professionellen und freundlichen Betreuung durch meine Lektorin Karin Herber-Schlapp zu tun.

– an Georg Simader und Vanessa Gutenkunst. Das erfolgreiche Literaturagenten-Team bei »Copywrite« hilft mir weit mehr als nur bei Vertragsangelegenheiten.

– an www.familienhandbuch.de, eine sehr umfangreiche und in die Tiefe gehende Internetseite mit Fachvorträgen aller Art, wo ich jede Menge Recherchematerial gefunden habe.

– und an die Seiten www.isuv.de, www.vatersein.de und www.gofeminin.de, wo auf meine Fragebögen hingewiesen wurde.

Quellen

[1] Bezieht sich stets auf die Ergebnisse einer Umfrage, die im Winter 2009 von Sandra Lüpkes anonym durchgeführt wurde. Beteiligt haben sich 67 Personen, die in zweiter Ehe verheiratet sind, 26 Männer und 41 Frauen. Es gab 65 Fragen zu beantworten. Da die Teilnehmer bei manchen Fragen mehrfach ankreuzen konnten, jedoch zu keiner Antwort verpflichtet waren, kann es sein, dass sich die Prozentzahlen nicht immer zu genau 100 % addieren lassen.

1. Kapitel

[2] Der Chronist Salimbene von Parma beschreibt das legendäre wie grausame Experiment, mit dem Kaiser Friedrich Anfang des 13. Jahrhunderts die Ursprache des Menschen entdecken wollte und zu diesem Zweck mehrere Säuglinge von der Außenwelt isolierte. Die kleinen Kinder starben jedoch trotz ausreichender Hygiene und Nahrung, noch bevor sie das erste Wort sprechen konnten.

[3] Helen Fischer, *Warum wir lieben – Chemie der Leidenschaft*, Mannheim 2005

[4] Platons Werke *Symposium* und *Phaidros* befassen sich mit den verschiedenen Ideen der Liebe, des Begehrens und der Erkenntnis.

[5] Platons *Gastmahl*

[6] Sylvia Wetzel, Vortrag: *Beziehungen, Liebe und Leidenschaft*, Berlin 1996

[7] Das Hohelied der Liebe, Neues Testament, 1. Korintherbrief 13, Vers 1–13

[8] Silbermond *Das Beste*, 2006 von der CD *Laut gedacht*

2. Kapitel

[9] Altes Testament, Genesis 29, Vers 30–31

[10] Altes Testament, 1. Buch der Könige, Vers 1–11

[11] Eberhard Straub, *Das zerbrechliche Glück – Liebe und Ehe im Wandel der Zeit,* Berlin 2005

[12] Arnold Retzer, *Lob der Vernunftehe,* Frankfurt 2009

[13] Statistisches Bundesamt Jahrbuch 2007

[14] Prof. Dr. Hartmut Esser, Auswertung Mannheimer Scheidungsstudie 2002

[15] Stefan Felder, Otto-von-Guericke-Universität 2006

[16] Ronald und Janice Kiecolt-Glaser, Ohio State University Center 2003

[17] Penny Gordon-Larsen, School of Public Health/University of North Carolina Chapel Hill 2007

[18] Dr. Kate Scott, University of Otago, Wellington School of Medicine & Health Sciences 2009

[19] Roberto de Vogli, Internationales Institut für Gesellschaft und Gesundheit in London 2007

[20] Julianne Holt-Lunstad, Brigham-Young-University in Provo, Utah 2008

[21] John Dittami, Universität Wien 2007

[22] Prof. Dr. Kurt Starke, Leiter der Forschungsstelle Partner- und Sexualforschung Leipzig 2008

[23] Klusmann, *Sexuelle Wünsche und die Dauer der Beziehung.* In: G. Schmidt (Hg.), *Kinder der sexuellen Revolution,* Gießen 2000

[24] Paul Andrews, Virginia Commonwealth University 2009

[25] Gunter Schmidt, ehemaliger Vorsitzender der Deutschen Gesellschaft für Sexualforschung 2008

[26] Sir Richard Doll, Prof. Richard Peto, British Medical Journal 2007

[27] Meinungsforschungsinstitut Gewis, Hamburg 2004

[28] 15. Shell-Jugendstudie, Frankfurt 2006

[29] Matthias Horx, *Puzzle 2020,* Weltwoche 1/98

[30] Dr. Jörg Otto Hellwig, Institut für angewandte Sozialforschung Universität Köln 2000

[31] Thomas Klein/Wolfgang Lauterbach (Hg.), *Nichteheliche Lebensgemeinschaften. Analysen zum Wandel partnerschaftlicher Lebensformen,* Opladen 1999

3. Kapitel

[32] ElitePartner, Umfrage unter 4000 Teilnehmern 2008
[33] American Heart Association über *Stress Cardiomyopathy* 2006
[34] Doris Wolf, *Wenn der Partner geht*, Mannheim 2004
[35] Sandra Lüpkes, *Ich verlasse dich*, Frankfurt 2010, Umfrage aus dem Jahr 2007
[36] Helen Fisher, *Die vier Typen der Liebe*, München 2009

5. Kapitel

[37] Rick Snyder, University of Kansas, in *Alles wird gut!*, Psychologie heute compact 2009
[38] Václav Havel (*1936 in Prag), Schriftsteller, Politiker, Friedenspreis des Deutschen Buchhandels 1989
[39] Stefan Keller, *Das transtheoretische Modell in Forschung und Praxis*, Freiburg 1999
[40] Horst Conen in *Warum es so verdammt schwer ist, sich zu verändern*, Psychologie heute 12/2007
[41] Prof. Dr. Willibald Ruch, Universität Zürich, in *Was glücklich macht*, Geo Wissen Nr. 43 Lebenslauf-Forschung
[42] Dean Mobbs, Stanford University Department of Psychiatry and Behaviour Sciences 2003
[43] Waleed A. Salameh, Director of the San Diego Institute of Integrative Psychotherapy, *Humor Immersion Training* 1995
[44] Sven Hillenkamp, *Das Ende der Liebe – Gefühle im Zeitalter unendlicher Freiheit*, Stuttgart 2009
[45] Ursula Nuber, Diplompsychologin, Autorin und Redakteurin in *Vergiss das Beste nicht: das Leben endet!*, Psychologie heute – compact 2009
[46] Dirk Kranz, *Was nicht mehr zu ändern ist – Eine Untersuchung zur Reue aus bewältigungstheoretischer Sicht*, Dissertation Universität Trier 2005

6. Kapitel

[47] Insa Schöningh, *Ehen und ihre Freundschaften – Niemand heiratet für sich allein*, Opladen 1996

[48] Terri Apter, Newnham College Cambridge *What Do You Want From Me? Learning To Get Along With In-Laws*, New York 2009

[49] Gewis Umfrage, Psychotherapie Band 1, Report Oktober 2000

[50] Bürgerliches Gesetzbuch, Buch 4 – *Familienrecht*, Abschnitt 1, Titel 7, Untertitel 2 *Unterhalt des geschiedenen Ehegatten*

[51] Scott Stanley, *The Effect of the Transition to Parenthood on Relationship Quality: An 8-Year Prospective Study,* in Journal of Personality and Social Psychology 2009

[52] Patricia Papernow, die sieben Stufen der Familiengründung in *Die harmonische Stieffamilie*, Mainz 2001

7. Kapitel

[53] George R. Bach / Peter Wyden, *Streiten verbindet – Spielregeln für Liebe und Ehe,* Frankfurt 1983